VENCER

CORRIDA IMPLACÁVEL PELA EXCELÊNCIA

VENCER

CORRIDA IMPLACÁVEL PELA EXCELÊNCIA

TIM S. GROVER

COM SHARI LESSER WENK

ALTA BOOKS
GRUPO EDITORIAL
Rio de Janeiro, 2023

Vencer

Copyright © 2023 da Starlin Alta Editora e Consultoria Eireli.
ISBN: 978-65-5520-866-5

Translated from original Winning: The Unforgiving. Copyright © 2022 by Relentless Publishing, LLC. ISBN 9781982168865. This translation is published and sold by permission of WaterBrook, an imprint of Scribner An Imprint of Simon & Schuster, Inc, the owner of all rights to publish and sell the same. PORTUGUESE language edition published by Starlin Alta Editora e Consultoria Eireli, Copyright © 2023 by Starlin Alta Editora e Consultoria Eireli.

Impresso no Brasil — 1ª Edição, 2023 — Edição revisada conforme o Acordo Ortográfico da Língua Portuguesa de 2009.

Dados Internacionais de Catalogação na Publicação (CIP) de acordo com ISBD

G884v   Grover, Tim S.

Vencer: A Corrida Implacável pela Excelência / Tim S. Grover ; traduzido por Régis Trentim. - Rio de Janeiro : Alta Books, 2023.
240 p. ; 16cm x 23cm.

Tradução de: Winning: The Unforgiving
Inclui índice.
ISBN: 978-65-5520-866-5

1. Autoajuda. 2. Vencer. 3. Excelência. I. Trentim, Régis. II. Título.

2022-3481   CDD 158.1
                 CDU 159.947

Elaborado por Vagner Rodolfo da Silva - CRB-8/9410

Índice para catálogo sistemático:
1. Autoajuda 158.1
2. Autoajuda 159.947

Todos os direitos estão reservados e protegidos por Lei. Nenhuma parte deste livro, sem autorização prévia por escrito da editora, poderá ser reproduzida ou transmitida. A violação dos Direitos Autorais é crime estabelecido na Lei nº 9.610/98 e com punição de acordo com o artigo 184 do Código Penal.

A editora não se responsabiliza pelo conteúdo da obra, formulada exclusivamente pelo(s) autor(es).

Marcas Registradas: Todos os termos mencionados e reconhecidos como Marca Registrada e/ou Comercial são de responsabilidade de seus proprietários. A editora informa não estar associada a nenhum produto e/ou fornecedor apresentado no livro.

Erratas e arquivos de apoio: No site da editora relatamos, com a devida correção, qualquer erro encontrado em nossos livros, bem como disponibilizamos arquivos de apoio se aplicáveis à obra em questão.

Acesse o site www.altabooks.com.br e procure pelo título do livro desejado para ter acesso às erratas, aos arquivos de apoio e/ou a outros conteúdos aplicáveis à obra.

Suporte Técnico: A obra é comercializada na forma em que está, sem direito a suporte técnico ou orientação pessoal/exclusiva ao leitor.

A editora não se responsabiliza pela manutenção, atualização e idioma dos sites referidos pelos autores nesta obra.

Produção Editorial
Editora Alta Books

Diretor Editorial
Anderson Vieira
anderson.vieira@altabooks.com.br

Editor
José Ruggeri
j.ruggeri@altabooks.com.br

Gerência Comercial
Claudio Lima
claudio@altabooks.com.br

Gerência Marketing
Andréa Guatiello
andrea@altabooks.com.br

Coordenação Comercial
Thiago Biaggi

Coordenação de Eventos
Viviane Paiva
comercial@altabooks.com.br

Coordenação ADM/Finc.
Solange Souza

Direitos Autorais
Raquel Porto
rights@altabooks.com.br

Produtor Editorial
Mariana Portugal

Produtores Editoriais
Illysabelle Trajano
Maria de Lourdes Borges
Paulo Gomes
Thales Silva
Thiê Alves

Equipe Comercial
Adenir Gomes
Ana Carolina Marinho
Ana Claudia Lima
Daiana Costa
Everson Sete
Kaique Luiz
Luana Santos
Maira Conceição
Natasha Sales

Equipe Editorial
Ana Clara Tambasco
Andreza Moraes
Arthur Candreva
Beatriz de Assis
Beatriz Frohe

Betânia Santos
Brenda Rodrigues
Caroline David
Erick Brandão
Elton Manhães
Fernanda Teixeira
Gabriela Paiva
Henrique Waldez
Karolayne Alves
Kelry Oliveira
Lorrahn Candido
Luana Maura
Marcelli Ferreira
Matheus Mello
Milena Soares
Patricia Silvestre
Viviane Corrêa
Yasmin Sayonara

Marketing Editorial
Amanda Mucci
Guilherme Nunes
Livia Carvalho
Pedro Guimarães
Thiago Brito

Atuaram na edição desta obra:

Revisão Gramatical
Alessandro Thomé
Carolina Freitas

Tradução
Régis Trentim

Copidesque
Tiago Dias Valentim

Diagramação
Hellen Pimentel

Editora afiliada à: ASSOCIADO

ALTA BOOKS
GRUPO EDITORIAL

Rua Viúva Cláudio, 291 — Bairro Industrial do Jacaré
CEP: 20.970-031 — Rio de Janeiro (RJ)
Tels.: (21) 3278-8069 / 3278-8419
www.altabooks.com.br — altabooks@altabooks.com.br
Ouvidoria: ouvidoria@altabooks.com.br

Para Shari Wenk,
coautora e colaboradora,
que entendeu.

SUMÁRIO

A Busca — 9

A Linguagem do Vencer — 19

#1 VENCER exige que você seja diferente,
e o diferente assusta as pessoas — 31

#1 VENCER instiga guerras no campo
de batalha de sua mente — 49

#1 VENCER é uma aposta final em você mesmo — 65

#1 VENCER não é insensível, mas você será
menos sensível — 81

#1 VENCER pertence aos outros,
e é sua função tomá-lo — 95

#1 VENCER quer tudo de você;
não há equilíbrio — 109

#1 VENCER é egoísta — 125

#1 VENCER leva você ao inferno e,
se você desistir, é onde vai ficar — 141

#1 VENCER é uma prova sem respostas corretas	155
#1 VENCER sabe todos seus segredos	173
#1 VENCER nunca mente	189
#1 VENCER não é uma maratona, é uma arrancada sem linha de chegada	203
#1 VENCER é tudo	217
Sua próxima vitória está esperando	229
Agradecimentos	231
Sobre o autor	233
Índice	235

A BUSCA

Uma semana antes de meu amigo e cliente Kobe Bryant morrer em um acidente de helicóptero, nos falamos pelo telefone uma última vez.

Não havíamos nos falado fazia algum tempo, e nenhum de nós se desculpou por não ter tido contato mais frequente. Trocávamos mensagens de texto algumas vezes só para ver como iam as coisas. Ele estava ocupado, eu estava ocupado. Sem problemas.

Nós teríamos muito tempo para colocar tudo em dia.

Desde o fim de sua carreira no basquete, em 2016, Kobe parecia ainda mais ocupado do que quando era jogador. Ele podia não estar na quadra treinando arremessos às 4h da manhã, como fez durante os muitos anos em que trabalhamos juntos, mas ainda trabalhava em novos empreendimentos e obsessões naquelas horas obscuras e solitárias que assombram todo verdadeiro competidor. Kobe já havia ganhado um Oscar, lançado uma série que ficou entre os livros infantis mais vendidos, criado várias produções para a TV e estava viajando para treinar o time de basquete da filha, Gianna, quando o helicóptero caiu, matando ambos de forma trágica, além de outras sete pessoas.

Ele não havia, de modo algum, diminuído o ritmo, ainda estava determinado a alcançar mais e mais.

"Descanse no final", dizia ele, "não no meio". Nas finais da NBA de 2009, um repórter perguntou a Kobe por que não parecia feliz depois de o *Lakers*, time dele, ganhar uma liderança de dois jogos em cima do *Orlando Magic*. Kobe deu o famoso e penetrante olhar de mamba e disse:

"Trabalho não finalizado."

Três palavras que resumiam tudo a respeito dele.

Conversamos um pouco, na nossa última chamada telefônica, e fizemos planos de nos reunirmos no jogo dos *All-Star* da *NBA*, em Chicago. Essa reunião nunca aconteceu.

Nossa conversa terminou deste modo:

"Tudo bem?", eu perguntei.

"Sim, tô bem. Sempre em busca daquela vitória. Nunca canso."

Escuto essas palavras de novo e de novo.

Sempre na busca daquela vitória.

Nunca canso.

A vida de Kobe foi uma série de vitórias, alimentadas pela sua fome insaciável de sucesso. Quanto mais você dissesse a ele que algo não poderia ser feito, mais ele queria fazer. Ele precisava saber por que, quando, quanto, por quanto tempo... todos os detalhes importavam para ele. Ele não podia apenas dar um passeio de bicicleta; queria andar no deserto, na hora mais quente do dia, só para provar que era capaz. Ele nunca apenas assistia a um filme; dividia imagem a imagem, analisando cada movimento, cada variação. Jogou uma partida do *All-Star* tendo uma concussão (sem que os outros soubessem) para descobrir como se sentiria. Não ligava para seu amigo e ídolo Michael

Jordan perguntando como as coisas iam; ele ligava no meio da noite perguntando a respeito de modos de se tornar 0,0001% melhor. Tudo que fazia, no basquete e na vida, era a respeito de seu desejo de vencer. Como atleta, pai, criador, um sonhador do que viria a seguir, ele olhava o Vencer nos próprios olhos de novo e de novo e exigia mais. Mais sucesso, mais vitórias, mais reconhecimento, mais tempo com a família.

Mais tempo para correr em sua corrida pela excelência.

Por todas as vezes que o Vencer disse "sim" a Kobe, em 26 de janeiro de 2020, finalmente disse *"não."*

Sei que isso parece duro. Eu só não consigo olhar de outra forma.

O Vencer não precisa de desculpas e nem de explicação. Dá uma festa em honra a você, se recusa a te dizer o lugar e a hora e ainda te impinge a conta. Serve seu champagne e derruba a taça.

Você procura apertar sua mão, mas o Vencer não sabe quem você é.

O Vencer coloca você no melhor palco... e apaga todas as luzes.

Em meus mais de trinta anos de trabalho com grandes competidores de nosso tempo, de Michael Jordan, Kobe, Dwyane Wade, Charles Barkley e incontáveis outros até os CEOs e a elite dos empreendedores em todas as áreas, vi o Vencer em toda sua gloriosa generosidade, em toda sua crueldade dolorida. Em um dia, usa uma auréola. No outro, mostra as garras.

Não é você quem decide como será.

Você pode apenas buscá-lo e, se estiver disposto a pagar o preço, pegá-lo. Brevemente.

• • •

Todos nós temos a habilidade de vencer. Para alguns, é o primeiro campeonato. O primeiro milhão. O novo negócio. A casa nova. Para outros, é terminar um exercício, ou terminar os estudos. Mandar o filho para a faculdade. Comprar o primeiro carro. Passar um dia todo sem fumar. Terminar um péssimo relacionamento. Pedir um aumento. Ver aquela última vaga no estacionamento e chegar antes de outro pegar. Fazer aquele retorno na contramão sem ser multado.

Acordar todos os dias e colocar os dois pés no chão.

O Vencer está em todo lugar. Todos os minutos, você tem o potencial de reconhecer uma oportunidade, esforçar-se mais, deixar a insegurança e o medo de lado, parar de ouvir o que os outros dizem e decidir conquistar aquele momento. Não só aquele momento, mas o próximo, e então outro. E logo você ganhou aquela hora, aquele dia, aquele mês. De novo. De novo.

É assim que se vence.

Não acontece de uma só vez. Para meus atletas, começa com o primeiro exercício fora da temporada e se constrói até o último jogo do campeonato... e continua até o primeiro exercício fora da próxima temporada. Para meus parceiros de negócios (que trabalham em um cronograma mais duro do que o de qualquer atleta), começa com uma variedade imprevisível de oponentes, sem temporada, sem regras, sem relógio para impedir a ação, com placares não oficiais e com árbitros que mudam as regras constantemente. Para todos nós há contratempos, desafios, obstáculos, decepções e problemas que forçam a maioria das pessoas para fora da corrida.

Mas se você puder permanecer, se puder sobreviver ao campo de batalha na sua mente, se puder tolerar o medo, a dúvida e a solidão... o Vencer vai querer se comunicar com você.

O Vencer é a aposta final em você mesmo. A diferença entre sonhar com o que poderia ser e de fato viver.

O Vencer leva você para a frente. Sempre que você avançar, poderá ouvir o tilintar das barras de aço fechando-se logo atrás; elas são reais, e são merecidas. Você não pode dar meia volta, só seguir em frente. Não pode desaprender o que aprendeu. Não pode deixar de sentir o que foi sentido.

O Vencer nunca mente, mas sempre esconde a verdade. Diz que tudo que você precisa está próximo, e então ri quando bate a porta na sua cara. Diz que todos seus objetivos e sonhos são impossíveis, e então te encoraja a continuar. Um passo a mais. Um passo mais. Um passo a mais, para um destino incerto que pode nem estar lá.

O Vencer é loucura. Não dorme, e não entende por que você o faz.

Recusa que você compartilhe o tempo e o espaço com outros na sua vida, como um amante ciumento que exige tudo de você e consegue. É uma obsessão motivadora que parece irracional aos outros, mas perfeita para você.

O Vencer é implacável. Se você pisar na bola, se você desanimar, se mostrar fraqueza, estará liquidado.

Ele mostra o melhor de si e o pior.

O Vencer deixa as mãos nos bolsos para que não aponte acidentalmente a quem não merece.

Mantém você perto do Sol e te assiste queimando.

Se você conseguir chegar ao topo, o Vencer estará lá para recebê-lo de braços abertos. Um pouco antes de te empurrar da beirada para dar espaço a outra pessoa.

É o teste final da realidade, uma lembrança humilhante de quem você realmente é e quem está fingindo ser, te forçando a conciliar a diferença. O Vencer é o amante que te leva ao céu a noite inteira e desaparece antes do amanhecer. É o sonho de que você não consegue se lembrar quando acorda.

O Vencer não tem remorsos. Você pode ser substituído. Você será substituído.

Eu sei que é comum, em livros como este, que os "especialistas" lhe deem "passos". *CINCO PASSOS SIMPLES! OS DEZ PASSOS SECRETOS! VINTE PASSOS QUE INVENTEI SÓ PARA ESTE LIVRO!*

Sério mesmo?

Você não pode comprar um mapa para o topo. Se pudesse, todo o mundo estaria lá.

Eles não estão.

Os degraus para o Vencer são infinitos, e estão constantemente mudando. Em um minuto, você vê um degrau na sua frente; no outro, ele virou areia movediça.

A maioria das pessoas não vê o degrau desaparecendo até que seja tarde. Elas ficam presas na areia movediça e desistem.

O Vencer não liga realmente para o fato de você poder subir os degraus — qualquer um pode fazer isso. Quer saber o que acontece quando você erra um degrau, quando não pode ver ou sentir o que está à sua frente. Quando você deve confiar em si mesmo e acreditar no que sente, não no que vê.

Às vezes você sobe os degraus um de cada vez; às vezes, dois de uma vez. Em alguns dias você vai querer dar uma arrancada; em outros, andará de quatro, arfando e tentando recuperar o fôlego, desejando que nunca tivesse começado. Você vai escorregar e cair e perder tudo o que acabou de ganhar.

E quando finalmente fizer algum progresso... mais degraus para subir. Há pedras no seu sapato, uma bolha em cada dedo.

Seus pulmões querem explodir. Todos os dias. Todos os malditos dias.

Dez passos?

Seria bom, não é?

"Dez passos" são um meio conveniente de simplificar e vender o sucesso, mas dificilmente serão eficazes.

Em 2013, escrevi um livro, chamado *Relentless: From Good to Great to Unstoppable* (Implacável: De bom para ótimo para sem limites), a respeito da dominância da mente e os aspectos do caráter da elite dos empreendedores. Como pensam, agem e montam as próprias estratégias. Eu chamo esses indivíduos de "limpadores"; se você leu o livro, sabe que há muitos traços que definem um "limpador". Mas há uma coisa que todos os "limpadores" têm em comum: a habilidade de chegar ao resultado final repetidas vezes. Eles não têm apenas um grande jogo ou um mês muito bom; têm carreiras exemplares, que dão o tom para todos os outros. Levam os times deles dos *playoffs* (eliminatórias, em tradução livre) às finais, a vencer os campeonatos; levam os negócios da garagem aos sete dígitos, aos oito dígitos e às três vírgulas. Não precisam que alguém diga como. Eles descobrem, vão e fazem. Repetidamente.

Fui honrado e abençoado pelo imenso apoio que recebi pelo livro *Implacável* — de atletas e CEOs, de pais e empresários, artistas e médicos, presidentes e, bem, todo tipo de competidor, cada um correndo a própria corrida em direção à excelência. A mensagem mais comum?

"Eu pensava que era o único. Obrigado por me dizer que não sou loco."

Você não é louco. Há muitos de nós por aí.

Mas fiquei intrigado pela crítica esporádica:

"Esse livro não diz o que se deve fazer!"

Isso é correto.

Mas por que cargas d'água você quer que lhe digam o que fazer?

Eu não digo aos meus clientes "Seja implacável!" ou "Você consegue!"; eles sentem, eles sabem. Os grandes também caem e tropeçam e ofegam em busca de ar, como você. Mas eles continuam. Eles já sabem que, em algum ponto, o chão debaixo dos pés mudará e cederá. Eles já sabem disso, confiam que há outro passo, até quando nem podem ver. Eles não pensam na dor e no sacrifício, eles só veem o resultado final — o Vencer. Eles ficam nessa estrada, e continuam buscando a excelência.

Relembrando todos esses anos, percebo que todos meus clientes buscaram algo. Um recorde. Um contracheque. Um legado. Um fantasma.

MJ buscou a imortalidade, e a alcançou. Viverá para sempre.

Kobe também viverá para sempre. Também buscou a imortalidade. Mas antes que pudesse alcançá-la, ela o alcançou.

O que está você buscando?

E o que está buscando você?

Porque, se você está confortável com o sacrifício, a pressão, a crítica e a dor, se você pode aprender a focar o resultado, em vez de sempre focar a dificuldade...

Você pode buscar o Vencer, brigar por isso e defender seu direito de pegá-lo.

Mas eu não te direi o que fazer. Eu te mostrarei uma imagem, de forma intensamente honesta e crua, do que é realmente necessário para navegar por bloqueios, obstáculos e desafios que se metem no caminho, que diminuem sua velocidade e ameaçam seus sonhos. Darei a você o plano de ação para alcançar o sucesso e a maestria da mentalidade implacável. Não é possível ter um sem o outro. É desse modo que os grandes controlam e sobrevivem ao caminho, e você também pode. E ao fim deste livro, não haverá necessidade de que te digam o que fazer. Você saberá.

Em abril de 2020, a ESPN e a Netflix lançaram *O Arremesso Final,* o esperadíssimo documentário tratando de Michael Jordan e o time do *Chicago Bulls* na luta pelo sexto e último campeonato conquistado por eles juntos. Como treinador de Michael por quinze anos, eu considerava um privilégio estar entre os que foram entrevistados e participaram na série.

Para muitos, foi uma viagem vívida e nostálgica pelo caminho da memória, com vídeos, fotos e entrevistas com os grandes, com histórias jamais contadas, negócios inacabados para debater e contas a acertar.

Para outros, foi um drama amargo a respeito da excelência implacável a todo custo. Sem remorso. Imparável. Impiedosa. Inesquecível.

Para aqueles que viveram, *O Arremesso Final* tratava de uma só coisa: o Vencer. Aqueles anos se tornaram o degrau para minha carreira com todos os maiores atletas de nossa época, e a fundação para o trabalho que faço hoje com grandes empreendedores nos esportes, nos negócios, em todos os ramos da vida... Aqueles que nunca deixam de buscar a excelência, por mais evasiva que possa ser. Por mais de trinta anos, testemunhei o Vencer no mais alto nível, e experimentei a derrota em níveis que você não pode compreender. Eu vi os vencedores perdendo, e os perdedores ganhando. Eu provei dos dois extremos. Minha busca continua.

Assim como a sua.

Deixe-me levá-lo ao mundo da elite da competição feroz e mostrar-lhe como navegar por um caminho que não pode ser encontrado em nenhum GPS. Não há mapa, não há luz, não há asfalto.

É o caminho para o paraíso, mas começa no inferno.

Você foi escolhido. Não por outras pessoas, mas por você mesmo.

Seja bem-vindo ao Vencer.

A LINGUAGEM DO VENCER

Se você é do tipo que precisa de uma "animada"...

Se você motiva a si mesmo e aos outros aos gritos de "Vamos lá!" e "Você consegue!"...

Se você anuncia com frequência pelas redes sociais que "mandou muito bem", "destruiu", "arrasou"...

... Isso vai doer.

Eu não me importo. Só estou te deixando ciente.

O Vencer tem sua própria linguagem, e não fala bobagens.

Não é todo o mundo que é uma "lenda" ou um "monstro", nem todo evento ou entrevista pode ser "épico" ou "transformador". Todo atleta que joga bem no primeiro jogo da temporada não necessariamente será um "problema" para a liga ou para os outros. Nem todo o mundo que dirige uma Ferrari está "com tudo".

O Vencer requer que se diga a verdade. Ou, melhor ainda, nem sequer dizer coisa alguma. Por exemplo: na linguagem do Vencer, não há papo a respeito de motivação. Motivação é o nível básico, o entusiasmo temporário após ter comido muito glacê. É aquela onda incrível de poder artificial, paixão e energia voraz... até que passa e, de repente, você cai de cara no chão frio, imaginando o que diabos aconteceu.

Motivação serve para aqueles que não decidiram ainda se estão comprometidos com seus objetivos, ou quanto tempo ou esforço e vida eles estão dispostos a investir para atingi-los. Eu não estou medindo o nível do sucesso deles — uma pessoa pode estar falida ou desempregada ou acima do peso ou em uma péssima situação e ser extremamente motivada para mudar a situação dela. Eu estou falando aqui da necessidade que alguns têm de que outros os impulsionem a agir com um pontapé inicial.

Não trabalho com clientes que precisam desse pontapé. Se você vier até mim, eu preciso que você já esteja dando pontapés em si mesmo e que esteja pronto para mais. Dessa forma, não sou um "palestrante motivacional". Eu não escrevo livros motivacionais. Não quero te entusiasmar — esse é o seu trabalho. Meu trabalho é pegar suas maiores conquistas e aprimorá-las. Quero falar com você em uma língua que te leva ao seu melhor trabalho e o aperfeiçoa.

Essa é a língua para o Vencer.

Se você estava esperando que este livro fosse sobre a glória dos anéis de campeão, medalhas, troféus, placas na parede; se está aqui atrás de poesia que trate de "Você consegue!" e "Todos somos vencedores", escolheu o livro errado. Não há tapinhas nas costas e nem troféus de participação aqui. Não tem recompensa só "por ter vindo". Não te direi o que deve vestir.

Trato aqui daquilo que você passará na corrida pela excelência. Falo do sangue em suas mãos de um cabo de guerra com um fantasma que você nem sequer vê, com merda até os calcanhares, cercado por outros tentando enterrá-lo nela. A solidão intolerável e a exaustão. O medo intenso do que está à sua frente... e do que não está.

Se isso soa anormal, então estou fazendo meu trabalho. Pergunte a qualquer um que de fato ganhou o que quer que seja, nos esportes, nos negócios ou em qualquer lugar em que haja competição com os outros e consigo mesmo, e dirão a mesma coisa:

Não há de nada normal em Vencer. Se você precisa de normalidade, de pertencimento, prepare-se para uma longa estadia no meio do bando.

O Vencer exige que você seja diferente, e o diferente assusta as pessoas. Então, se você está preocupado com o que os outros dirão, os efeitos em longo prazo, os sacrifícios que fará, o sono perdido, sua família incomodada... não consigo ajudar nisso. Não há nada "normal" no estilo de vida e nas escolhas que deverá fazer. O Vencer está dentro de todos nós, mas para a maioria, ficará lá mesmo, preso debaixo de uma vida de medo, preocupação e dúvida.

A corrida pela excelência não tem regras para sua proteção. Nada te diz que você não perderá, não se machucará ou que tudo o que for feito não será em vão. Não há garantia de que a corrida será "justa". Provavelmente não será. Você perderá quando soar o gongo. Perderá para alguém que não trabalhou tanto quanto você. Perderá por uma má arbitragem ou uma jogada ruim. Outra pessoa conseguirá o trabalho. Uma pandemia levará embora a temporada, sua conta bancária, sua carreira.

E, ainda assim, o prêmio no fim da corrida permanece tão irresistível, tão viciante, tão maravilhoso, que nós continuamos a correr e a tropeçar, a nos sacrificar e competir para agarrá-lo.

O Vencer fará todo o possível para te impedir de pegá-lo, mas se você pegar, se conseguir ganhar um lugar nessa mesa grandiosa, estando finalmente incluído na conversa, esteja preparado para duas coisas: 1) o Vencer dará uma cadeira sem uma das pernas, para que você não fique confortável nunca; e 2) é melhor que você saiba falar a língua do Vencer.

O modo como você fala a respeito do Vencer tem tudo a ver com o fato de conseguir alcançá-lo... e mantê-lo.

Quer fazer um teste de vocabulário que passo aos meus clientes?

É simples e fácil:

Descreva o Vencer em uma palavra.

É isso. Qual a sensação do Vencer para você? O que representa?

Reserve um minuto e anote sua primeira resposta. Pode ser honesto, isso é entre você e você mesmo. Não darei nota para isso.

Eu perguntei isso a inumeráveis atletas, homens de negócios e outros indivíduos com os quais trabalhei, e as respostas sempre foram reveladoras. Aqui estão algumas das respostas mais comuns:

Glorioso. Excitante. Sucesso. Domínio. Conquista. Poder. Satisfação. Triunfo. Maravilhoso. Sensacional.

Não são más respostas. Se a sua resposta está nessa lista, você se encaixa bem na maioria. Se é onde você quer estar.

Claro, qualquer um pode se encaixar. A excelência transcende isso.

Deixe-me compartilhar algumas das respostas que ouvi dos melhores. Não só nos esportes, mas no mundo dos negócios também:

Selvagem. Duro. Sórdido. Indecente. Sujo. Grosseiro. Implacável. Impenitente. Irrestrito.

Kobe: "Tudo."

Algumas pessoas olharão para o nada, pensarão na enormidade da questão. Algumas ficam emotivas. Algumas só balançam a cabeça. Como você define aquela coisa única que consumiu e que definiu toda a sua vida?

Eu nunca perguntei a Michael Jordan. Mas ele respondeu de qualquer modo em *O Arremesso Final*. Nesse momento, ele resumiu tudo que havia aprendido, tudo pelo que havia trabalhado... tudo que sabia a respeito de sua eterna parceria com o Vencer. A resposta dele tem mais de uma palavra, mas cada uma vale a pena:

Eu liderava as pessoas quando elas não queriam ser lideradas. Desafiei as pessoas quando elas não queriam ser desafiadas, e ganhei esse direito porque meus companheiros de equipe que vieram depois de mim não suportaram todas as coisas que suportei. Ao entrar para o time, você já havia experimentado um certo nível do modo como eu jogava, e eu não aceitaria nada menos que isso.

Agora, se significava que eu tinha que entrar lá e te ofender um pouquinho, então fazia. Se você perguntar a todos os meus companheiros de equipe, eles dirão: "A única coisa sobre o Michael Jordan é que ele nunca me pediu para fazer porra nenhuma que ele não fizesse."

Quando as pessoas assistirem isso, dirão: "Bem, ele não era um cara muito legal, ele deve ter sido um tirano." Bem, isso é contigo. Porque você nunca ganhou nada. Eu queria ganhar, mas queria que eles ganhassem e fizessem parte disso também.

Olha, eu não tenho que fazer isso. Eu só estou fazendo isso porque é quem eu sou. É assim que eu joguei. Essa era minha mentalidade. Se você não quer jogar assim, não jogue.

E então o famoso *"Pare"*.

Aquele momento foi tão sem reservas e áspero para ele, que Jordan saiu da entrevista momentaneamente para controlar a emoção. E isso foi durante a primeira hora de filmagem.

Sim, o Vencer é glorioso, sensacional, poderoso, maravilhoso e todas essas coisas, ninguém pode negar.

Mas, se você pensa que isso é tudo, então, como disse Jordan, você nunca ganhou nada.

É a punição que ele recebeu em outros times antes de se elevar e se tornar o maior jogador de basquete. Os anos de pressão e escrutínio implacáveis de tudo o que fez. O foco obstinado em uma mesma coisa: vencer campeonatos, não apenas para si mesmo, mas para todos ao seu redor.

É o Kobe rompendo seu tendão de Aquiles, mas, ao mesmo tempo, se recusando a ir para o vestiário antes de arremessar dois lances livres — e convertê-lo. As infames idas às 4h da manhã para a quadra para treinar arremessos até que pudesse dominar aquele que errou na noite anterior. As incontáveis horas sozinho, no escuro, repetindo mentalmente cada lance e treino.

É Dwyane Wade lutando para se recuperar de cirurgias no joelho e no ombro, que poderiam ter acabado com a carreira da maioria dos jogadores, para ganhar mais dois campeonatos da NBA, acompanhando o que já tinha, bem como uma medalha de ouro Olímpico com os EUA, em 2008, na equipe masculina de basquete, quando ele foi líder na pontuação. É Larry Bird jogando com uma dor lancinante nas costas. Todos os grandes nomes da era Jordan — Charles Barkley, Patrick Ewing, Dominique Wilkins, John Stockton, Karl Malone, Clyde Drexler — percebendo que nunca poderiam vencer enquanto Jordan estivesse no páreo.

A corrida implacável. O Vencer pode ser glorioso, mas também pode ferrar com você.

Pense nos maiores empreendedores que você conhece, os vencedores, os "limpadores". Pense em você. Pelo que você passou para chegar onde está? O que ainda está à sua frente, o que é visível e invisível? Tudo parece glória e triunfo?

Se sim, então sua corrida já acabou. Eu te parabenizo.

Agora, por favor, saia do caminho, porque o resto de nós ainda tem trabalho a fazer.

Olhe para estas definições do Vencer novamente:

Selvagem. Duro. Sórdido. Indecente. Sujo. Grosseiro. Implacável. Impenitente. Irrestrito.

Se isso descreve sua jornada e como você atinge seus objetivos, estamos falando a mesma língua.

Este livro é sobre bravura, não *glamour*. Se sua imagem é mais importante para você do que seus resultados, se você precisa de aparências e age de uma determinada maneira para impressionar os outros, se "finja até que atinja" é sua estratégia para o sucesso, se você precisa de aprovação para ser quem você realmente é, terá dificuldades.

Se estamos trabalhando juntos, não preciso que você seja civilizado e educado. Eu preciso que seja duro. Resiliente. Focado. Verdadeiro. Quero você completamente isolado na própria mente, confiando em sua própria voz e em seus instintos para protegê-lo de si mesmo e dos outros. Eu quero ver você flexionar o músculo mais importante em sua corrida pela excelência, aquele que ninguém vê além de você: o músculo "Estou Pouco Me Fodendo". Trabalharemos muito nisso ao longo destas páginas.

Preciso que você tenha uma camada de Teflon, para que nada grude em você e nada penetre. Quanto mais você permite que os outros te irritem, de modo que cada comentário parece uma crítica e cada crítica faça você estourar, mais aquela camada protetora se desgastará, até que o revestimento externo rígido se torne mole e fraco.

Nem é preciso dizer que o Vencer tem tolerância zero para o mole e o fraco.

Os grandes sabem como alternar seus modos em certas situações que exigem que o façam, e também como ser eles mesmos quando for preciso. Jordan era educado, cortês e dizia a coisa certa aos seus patrocinadores, ao público e aos entrevistadores. Mas se o colocasse no próprio ambiente, no ginásio, na quadra... o cara de verdade aparecia. Sem inibições, sem limitações em relação ao que diria ou faria para transmitir sua mensagem.

O Vencer desperta uma percepção autoconsciente de que os outros estão observando. É muito mais fácil passar despercebido quando ninguém te conhece e ninguém está prestando atenção. Você pode fazer tudo errado, ser rude e desonesto, porque ninguém sabe que você está aí. Mas assim que começa a ganhar e os outros começam a notar, você de repente percebe que está sendo observado. Você está sendo julgado. Você se preocupa com que os outros descubram suas falhas e fraquezas, e começa a esconder sua verdadeira personalidade, para que possa ser um bom exemplo, um bom cidadão e um líder que os outros possam respeitar. Não há nada de errado com isso. Mas se você fizer isso às custas de ser quem você realmente é, tomando decisões que agradam aos outros, em vez de agradar a si mesmo, não ficará nessa posição por muito tempo.

Quando começa a se desculpar por ser quem é, você para de crescer e de ganhar. Permanentemente.

Quanto mais você ganha, mais os outros tentarão inibir seu crescimento, dizer-lhe para ir mais devagar, ficar na sua pista. Eles tentarão mantê-lo naquela pista para controlá-lo.

Mas o Vencer significa escolher qualquer pista, mudar de pista quando necessário e navegar em cada uma com a mesma habilidade, com uma marcha extra que ninguém previu.

Os vencedores falam uma linguagem que não faz sentido para quem ainda não a experimentou. Um olhar rápido, um olhar intenso, um rolar de olhos. Às vezes, silêncio total. Você não pode explicar isso, não pode ensiná-lo. Mas quando você sabe, você sabe. Não é algo que você dissemina ou de que se gaba — "Ei! Eu sou selvagem! E também desinibido!" —, porque, se tiver que contar às pessoas, provavelmente não é verdade. Mas está bem dentro de cada um, se você estiver disposto a simplesmente soltar a coisa e experimentar seu próprio poder selvagem, implacável e irrestrito.

Para mim, o Vencer tem a ver com todas essas palavras e muito mais, como você verá. É uma calma completa em meio ao caos total. Pode ser a maior alegria e a maior solidão do mundo. Nem todo o mundo se sente assim, você também não precisa. Creio que os vencedores de fato entendem a experiência. Não é a gritaria, não são os berros e a comemoração, é o reconhecimento incrível do que acabou de acontecer. Você perseguiu essa coisa magnífica, esse resultado final indescritível... e você entendeu. Porra, você entendeu. É Jordan chorando no chão, Kobe abraçando o troféu sozinho no canto. É o CEO de um império de bilhões de dólares se perguntando o que aconteceu com a mesa da cozinha que serviu como sua primeira escrivaninha. Ninguém sabe pelo que você passou para chegar lá. Ninguém entende o que você terá que fazer para chegar lá novamente.

Estou dizendo isso porque, quando me sentei para escrever este livro, fiz meu próprio teste e comecei a escrever minhas próprias definições do Vencer.

Pensei nas vitórias e derrotas em todas áreas de minha vida: quando criança, vindo para este país, os Estados Unidos, com meus pais e testemunhando o sacrifício e a determinação que dedicaram à nossa família; quando jovem, sonhando em jogar na NBA, perdendo meu sonho por uma lesão e admitindo a mim mesmo que não era bom o suficiente; quando jovem adulto, com a ideia de ajudar atletas profissionais e ter o maior competidor da história se tornando meu primeiro cliente profissional; como treinador e *coach* de alguns dos maiores campeões da história; como CEO da empresa de desempenho esportivo mais respeitada do mundo; como autor e palestrante e, acima de tudo, como pai.

Vencer tem sido meu mestre e meu carrasco, meu maior aliado e meu inimigo mais formidável. É um quebra-cabeça de peças infinitas, que não se encaixam facilmente, inclusive com algumas faltando — sem a imagem sequer para saber como o quebra-cabeça ficará quando for terminado. É um buraco negro de desejo, ganância e fome insaciável; um amante despreocupado, que te atrai e então diz que está solteiro.

Eu olhei o Vencer nos olhos por tempo suficiente para vê-lo piscar e virar as costas. Fui tolo o suficiente para dizer "Vejo você no próximo ano", apenas para ouvi-lo sussurrar: "Veremos."

Eu vi o que ele pode fazer para as pessoas e com as pessoas.

O que o Vencer fez por você? O que ele já fez com você?

Michael raramente fala sobre isso, e Kobe não pode. Mas eles falaram comigo, em discussões e debates que ninguém mais viu ou ouviu, confidenciando-me coisas que não se lê em entrevistas ou livros infantis. Eu ainda estudo os dois e frequentemente continuo essas conversas de forma imaginativa. Eu perguntei a sua definição do Vencer. Agora estou te dando a minha.

São 13. Se você leu *Implacável*, deve se lembrar de que gosto de usar o número 13, porque não acredito na sorte. Nem o Vencer acredita. O Vencer acredita em Vencer.

Você também deve se lembrar de que tudo em minhas listas é classificado como número 1, porque, quando você começa a classificar as coisas, 1-2-3-4-etc., as pessoas pensam que #1 é o mais importante, #2 é menos importante e qualquer outra coisa está lá apenas para preencher a lista. Portanto, escolhemos o número 1 para tudo, e você poderá ler em qualquer ordem.

O VENCER EM 13 DEFINIÇÕES

1. VENCER exige que você seja diferente, e o diferente assusta as pessoas.

1. VENCER instiga guerras no campo de batalha da sua mente.

1. VENCER é uma aposta final em você mesmo.

1. VENCER não é insensível, mas você será menos sensível.

1. VENCER pertence aos outros, e é sua função tomá-lo.

1. VENCER quer tudo de você; não há equilíbrio.

1. VENCER é egoísta.

1. VENCER leva você ao inferno, e se você desistir, é onde ficará.

1. VENCER é uma prova sem respostas corretas.

1. VENCER sabe todos seus segredos.

1. VENCER nunca mente.

1. VENCER não é uma maratona, é uma arrancada sem linha de chegada.

1. VENCER é tudo.

Isso é o que eu sei.

O Vencer vai lhe custar tudo e recompensá-lo com mais, se você estiver disposto a trabalhar. Não se preocupe em arregaçar as mangas, rasgue essa porra de uma vez — e faça o que os outros não querem ou não podem. De qualquer maneira, eles não importam; você está sozinho nessa.

Pare de ter medo daquilo que você se tornará. Você deveria ter mais medo de *não* se tornar isso.

Se você não pode engolir esse fato, se acredita que não está pronto ou não merece, se não está disposto a se comprometer com seu próprio sucesso, você nunca ganhou, e provavelmente não ganhará. Porque todos os vencedores entendem uma coisa: há um preço a pagar, e você deve pagá-lo.

1.
VENCER EXIGE QUE VOCÊ SEJA DIFERENTE, E O DIFERENTE ASSUSTA AS PESSOAS

Quando estava treinando Michael, montamos um cronograma para que ele treinasse nos dias de jogo. Isso era algo inédito naquele tempo, e vi muitos tratarem disso comigo. *"Treinar em dia de jogo? Você vai prejudicar o arremesso dele! O cara vai se cansar! Vai piorar a capacidade atlética!"*

Treinar diminui sua capacidade atlética?

Nós víamos de outra forma.

Pense um pouco. Ele jogava três ou quatro jogos por semana, além de dias de viagem, mais os dias de exercícios, mais os dias de descanso. Quando deveria treinar?

Ninguém tinha, de fato, uma resposta para isso, porque o treino diário não era regra na NBA naquele tempo, e nem sequer uma alta prioridade. Poucos jogadores tinham uma rotina de treinos, especialmente durante a temporada, e nenhum deles trazia alguém de fora da organização para treiná-los. Jordan foi o primeiro, quando me contratou.

Lembre-se, ele me contratou especificamente para adicionar músculos e poder ao seu corpo, porque ele sabia que isso o ajudaria a passar pelos jogadores maiores e mais fortes que o estavam vencendo fisicamente na quadra. Conforme o jogo dele evoluía, também evoluía a intensidade física que enfrentava em cada oponente, e ele entendia que, para chegar ao próximo nível e vencer, deveria fazer algo diferente. Os *Bulls* tinham um programa de condicionamento físico para seus atletas, mas Jordan queria — e necessitava de — mais.

Ele foi meu primeiro atleta profissional: o maior jogador de basquete do mundo trabalhava com um técnico que nunca havia treinado um profissional. Improvável? Sim. Maluquice? Talvez. Mas a maluquice — combinada com a vontade de aproveitar qualquer chance — é a arma secreta para o Vencer, e nós dois tínhamos um arsenal impressionante de maluquices.

Se você pensar como todo o mundo, se agir como todo o mundo, se seguir os mesmos protocolos, tradições e hábitos, como todo o mundo, adivinhe só: você *será* como todo o mundo.

Todo o mundo queria ser como Mike.

Mike não queria ser como todo o mundo.

O que nos levava a treinar nos dias de jogo.

Se nosso objetivo era adicionar músculos e torná-lo mais forte — assim como minimizar as lesões e preservar a longevidade —, seria contraproducente ignorar o treinamento toda vez que houvesse um jogo. Acredite em mim, eu o estudava, pesquisava, testava e olhava toda possível variável que poderia impactar sua performance. Mantínhamos uma consistência em todos os dias de jogo — treinávamos os mesmos músculos, fazíamos o mesmo tipo de treino, contabilizávamos todos os componentes que poderiam afetar o arremesso e a resistência; eliminávamos tantas dessas variáveis quanto pudéssemos, então o corpo ficava preparado para jogar nas mesmas condições, independentemente da programação do jogo. Tornou-se tão rotineiro, que, quando não treinávamos, ele sentia a diferença e comentava: "Parece que algo não está certo."

Resumindo, funcionou para ele, e, óbvio, os resultados falaram tão claramente, que eu nunca tive que responder a todos que disseram que não funcionaria.

Nunca se tratou de ser diferente por ser diferente, ou para gerar publicidade, ou tentar parecer inteligente e inovador.

Tratava-se de compreender a diferença entre saber como pensar e ouvir o lhe é dito sobre como pensar.

Os vencedores envolvem a mente e suas experiências para criar novos níveis de excelência. Não estou falando só de atletas, estou falando de inovadores e pioneiros na indústria, entretenimento, ciência, tecnologia, educação, medicina, criação dos filhos... cada estilo de vida. Bill Gates verificando pessoalmente cada linha de código durante os primeiros cinco anos de existência da Microsoft. Jeff Bezos despachando livros de sua própria garagem. Sara Blakely cortando os dedos da meia-calça. Elon Musk olhando intensamente para Marte. Eles não tinham medo de pensar de forma original, eles não estavam preocupados com o que os outros pensariam a respeito de suas ideias "malucas". Toda aquela besteira sobre pensar fora da caixa é apenas isso: besteira. Os vencedores não veem a caixa. Eles veem possibilidades. Eles usam suas próprias decisões, seus sucessos e fracassos como um trampolim para elevar seu pensamento e seus resultados.

Toda grande criação e invenção começou com pessoas que sabiam como pensar e não permitiam que lhes dissessem o que pensar. Se você deseja chegar à elite, é isso que o diferenciará. Se você seguir o livro exatamente, se sempre fizer isso da maneira "normal", poderá ser muito bom no que faz. Mas o que acontece quando há uma falha, ou um problema imprevisível, que o livro não abordou? Como você administra quando nada é "normal"? As pessoas adoram falar sobre "dinamizar-se" em tempos difíceis — fazer uma mudança rápida para outra direção —, mas você tem que dinamizar e se mover em direção a algo, não pode ficar mudando de direção apenas para mudar de direção. E, a menos que você saiba como pensar por si mesmo, continuará girando para a frente e para trás, de um jeito e de outro, esperando que alguém o salve. Esperando que lhe digam o que pensar.

Se eu lhe desse um pedaço de papel com mil pontos e lhe dissesse para ligá-los, como você lidaria com esse desafio? Você formaria uma imagem de algo inteligível? Você criaria formas e desenhos aleatórios? Pareceria um rabisco maluco? Apenas o rasgaria?

Esses pontos são seu mapa da corrida para a grandeza. Você pode ir em linha reta, pode traçar seu próprio caminho, pode vagar sem rumo. Você pode perguntar a outras pessoas como chegar aonde está indo. Você pode desistir.

Para mim, esses pontos significam observar como um vencedor se move e descobrir como posso fazê-lo se mover melhor. Eu sei como todo o mundo o vê, posso eu vê-lo de maneira diferente? Posso levá-lo a outra direção? Posso fazê-lo voar? Essa é a obra de arte que vejo nesses pontos, o resultado de tudo que aprendi com os outros e aumentei com meu próprio conhecimento. Sei que já existe por aí uma imagem me dizendo o que fazer. Eu não quero isso. Eu quero criar a minha própria.

O Vencer vigia para ver se você é confiante e ousado o suficiente para acreditar que ser "diferente" não é um erro. É a diferença entre acender sua própria fogueira e esperar que alguém a acenda. Para mim, a curiosidade é a faísca que acende esse fogo. Tenho o hábito de olhar fixamente para as pessoas, não para ser rude, mas para estudar e aprender algo a respeito delas. Sei que isso pode incomodar os outros, o que não é minha intenção, mas acredito que me torna bom no que faço; prefiro observar alguém de perto a confiar no que me dizem.

Está fazendo as perguntas? Você permite que sua mente vagueie por novas possibilidades e cenários, não importa o quão improváveis e inatingíveis eles possam parecer, como você fazia quando era criança? As crianças entendem a curiosidade. Veem algo interessante e têm que brincar com a coisa, comer, jogar... não conseguem deixar de lado. Por alguns minutos, é a melhor coisa que já conheceram, até que um adulto chegue e a leve embora. Elas farão pergunta após pergunta... até que o adulto não aguente mais e diga que parem de fazer tantas perguntas.

Assim éramos MJ e eu no início de nosso relacionamento. Havia tanta coisa que eu queria saber, tanto que sabia que poderia aprender com ele. Eu perguntava sobre tudo, até que ele finalmente dissesse: "Cara, você faz tantas perguntas!" Continuei perguntando. Eu já sabia o que deveria pensar sobre ele e sabia o que todos pensavam dele. Eu precisava saber mais do que isso.

Kobe fez a mesma coisa com Jordan; ele ligava ou mandava mensagem para Michael no meio da noite perguntando como ele jogava contra um certo sujeito, como ele lidava com a situação, o que ele pensava sobre isso ou aquilo. E Michael sempre respondia às suas perguntas e o ajudava a aprender. Aliás, essa é uma das principais características dos grandes, : eles querem passar o conhecimento adiante, para que a próxima geração possa continuar aprendendo.

Essa é a diferença entre competir e vencer.

Eu ouço isso o tempo todo de meus clientes do mundo dos negócios: "Nós sabemos competir. Agora precisamos aprender a vencer." Nem sempre é a mesma coisa.

Quando você sabe o que pensar, está pronto para competir. Quando você sabe como pensar, está pronto para vencer.

Sua educação ensina o que pensar. A experiência de vida te ensina a como pensar. Na escola, você é avaliado depois de aprender. Na vida, a avaliação vem antes de você aprender.

Treinadores e chefes lhe dizem o que pensar. Fazer o trabalho ensina como pensar.

Seus pais mostram o que você deve pensar. A idade adulta mostra como pensar... se você estiver aberto ao aprendizado.

Se você seguir uma receita para o bolo de chocolate perfeito, terá aquele mesmo bolo, porque lhe disseram o que fazer. Mas depois de fazer algumas vezes, talvez você comece a pensar em uma maneira de torná-lo ainda mais perfeito, então muda algo na receita. E você estava certo, ficou ainda melhor. É sobre *como* pensar, não *o que* pensar.

Você pode entrar em uma grande franquia de restaurantes, pedir macarrão com queijo e ter total confiança de que encontrará exatamente a mesma refeição em uma centena de outros locais, preparada exatamente da mesma maneira. Existe um sistema funcionando, com procedimentos e orientações, e se você é o encarregado de preparar aquele prato, não tem a opção de pensar em uma maneira melhor de prepará-lo.

Os chefs de cozinha têm inúmeras maneiras de fazer esse prato, nunca duas vezes da mesma forma. *Como* pensar, não *o que* pensar.

Pensar por si mesmo cria independência, o que muitos dos "especialistas" em autoajuda temem, apesar das promessas serem contrárias a isso. Por quê? Quanto mais você pensa por si mesmo, menos você precisa dos "especialistas". Se você está sempre lendo livros de autoajuda, ouvindo palestras motivacionais e seguindo gênios inspiradores nas mídias sociais e *podcasts*, não pode tomar uma decisão sem consultar mentores e gurus... eles lhe dizem o que pensar. Dizem a você: *"Eu tenho sucesso, é assim que eu fiz, é nisto que eu acredito, então você deve acreditar também."* E tudo faz sentido, parece tão bom, que, então, você aceita isso como verdade. Mas como você sabe? Você tem experiência nisso? Pode aplicar? Você fica com ele por tempo suficiente para absorver totalmente o que está aprendendo, ou está pulando para a próxima novidade? Você está colocando em prática todos esses conselhos, para que possa descobrir por si mesmo? Você pode estar recebendo muita orientação e conhecimento, mas sempre será o conhecimento de outra pessoa, até que você questione, adapte e descubra por si mesmo se funciona para você.

Kobe costumava dizer: "Conhecimento é poder." E eu dizia a ele: "Só se você usá-lo." Ele, com toda a certeza, usou.

E sim, eu sei que isso se aplica a mim e aos meus livros e às ideias que estou compartilhando com você, e se este capítulo o faz parar e pensar sobre como adaptar o que eu disse e aplicar de forma diferente em sua própria vida, então estou fazendo meu trabalho. Eu quero que você questione aquilo em que eu acredito. É precisamente a razão pela qual alguns leitores reclamaram do meu livro *Implacável*: afirmam *que não lhes disse* o que fazer.

Eu não direi o que fazer. Eu não direi o que pensar. Quero que você aprenda COMO pensar, a se envolver no processo de aprendizagem para que possa criar suas próprias ideias e pensamentos, responder às suas próprias perguntas e saber como criar soluções quando os outros nem mesmo entendem os problemas.

Eu trabalho com meus clientes de esportes e do mundo dos negócios da mesma maneira de quando estamos trabalhando a concentração e a resistência mental. A princípio, a maioria quer conversar todas as semanas, com hora marcada. Mas eu não trabalho assim, porque, para mim, isso é apenas esperar que me digam o que fazer, todas as semanas, no mesmo horário. *"Que bom, é terça-feira, agora posso lidar com esse problema que deveria ter resolvido há cinco dias, mas, em vez disso, esperei por minha conferência agendada com o Tim."* Ainda falaremos regularmente, mas não apenas porque "devemos". Quero que pensem por si próprios, trabalhando em suas próprias habilidades para tomar decisões e gerenciar problemas. Quero vê-los criar maneiras de vencer e tornar concretas essas ideias, sem precisar passá-las antes por mim. É assim que você aprende a pensar por si mesmo.

Às vezes, quando os clientes estão em uma maré boa, não quero falar com eles de jeito nenhum. Minha comunicação total com eles pode ser um olhar ou um aceno de cabeça, e muitas vezes, isso diz tudo. Eles já sabem e *sentem* que as coisas estão indo bem; eu não quero lhes alterar o pensamento. Não precisamos discutir o que está dando certo, eles só precisam continuar fazendo isso.

Todos procuram a "chave" para o Vencer, como se você pudesse carregá-la no bolso e colocá-la na fechadura. Não existe chave; é um cofre com uma combinação de números infinitos e resultados infinitos, com mostradores enferrujados e velhos, que mal se movem, e dígitos que foram friccionados pelos incontáveis dedos desesperados dos que tentaram transformá-los a seu próprio favor.

VENCER: A CORRIDA IMPLACÁVEL PELA EXCELÊNCIA

A maioria das pessoas resolverá algumas das combinações, mas desistirá de tentar descobrir o resto e se contentará com o que conseguir. Alguns poucos continuarão mexendo nos botões, com a esperança de obter os últimos números.

Mas se você ficar por tempo suficiente, se puder elevar seu pensamento e sua experiência a um nível que lhe permita descobrir a combinação completa, pode quebrar a fechadura na dura e protegida fortaleza do Vencer.

E enquanto você está comemorando, o Vencer já está mudando a combinação.

Para mim, o desafio sempre foi trabalhar essa combinação para que possa encontrar novas maneiras de tornar ainda melhores os grandes competidores. Não posso obter isso aplicando as mesmas técnicas que todo o mundo usa, porque não estamos falando de ficar 10% melhor ou 5% melhor. A meta é 0,0001% melhor, porque esses profissionais já estão entre os melhores no que fazem. Considere um atleta como Michael Phelps, por exemplo, que ganhou 23 medalhas de ouro olímpicas (e 28 medalhas no total) ao encontrar maneiras de economizar um centésimo de segundo. Você não pode conseguir isso treinando e pensando como todo o mundo, você tem que ser inovador e dedicado o suficiente para ir aonde os outros não podem ou não querem ir. Então, quando estou trabalhando com um competidor que é tão de elite que está competindo de fato contra si mesmo, tenho que combinar todas as pesquisas, os ensinamentos e dados, adicionar o componente único de suas necessidades e desafios específicos e criar soluções exclusivas para ele.

Quando eu estava treinando MJ, o treinador de musculação do *Bulls* perguntou por que eu lhe pedia que treinasse bíceps. A teoria era a de que os bíceps eram apenas para exibir-se e não tornavam alguém um jogador de basquete melhor. E isso provavelmente era verdade. Mas estávamos indo atrás daqueles 0,0001%, que incluíam o fator de intimidação do físico maior, mais forte e mais imperioso. Qual é a primeira coisa que você vê em um jogador de basquete quando ele tira a blusa de treino? Os braços.

Os detalhes são importantes.

Funciona da mesma forma nos negócios. Olhe para uma empresa onde todos têm o mesmo treinamento, os mesmos procedimentos, as mesmas regras e regulamentos, os mesmos produtos e serviços para vender. Todos representam o mesmo nome no logotipo. Mas alguns se destacarão, acima e além, porque desenvolveram suas habilidades e seu pensamento. Essa é a diferença entre aprender o que entregam a você e entender como progredir a partir dali.

O Vencer exige que você aprenda, questione o que aprendeu e, então, aprenda mais. Você tem que estar disposto a desafiar o que lhe foi ensinado e aprender de novo com uma perspectiva diferente. Tudo o que fiz com meus clientes foi o resultado de ajudá-los a preencher a lacuna entre ser o melhor e ser o melhor de todos os tempos. Há uma enorme diferença entre essas duas coisas. Tive de desafiar as técnicas de treinamento tradicionais e aprendê-las novamente através das lentes do que estava descobrindo por conta própria. Nenhum de meus professores universitários jamais me aconselhou a pegar o melhor atleta que já jogou, fazê-lo treinar em dias de jogo e dar-lhe um bife algumas horas antes do apito inicial.

Sim. Ele comia bife antes dos jogos.

Nos anos 1980 e 1990, a receita nutricional para atletas era carboidratos, carboidratos e mais carboidratos. Todo o mundo estava comendo arroz e macarrão como combustível, mas isso não estava funcionando para MJ: além de se sentir inchado, ele estava jogando tanto, que simplesmente não era o suficiente. Quando o time estava jogando em casa, ele comia às 15h30 para chegar ao estádio às 18h. Então ele estava morrendo de fome às 19h30, horário do jogo, e no quarto tempo já sentia a energia diminuindo.

Então adicionamos um pequeno bife à refeição antes do jogo.

Agora, ouça: não estou dizendo para *você* comer bife antes do jogo, não estou lhe dando conselhos nutricionais aqui. Estou dizendo que tínhamos que elaborar um novo plano para Michael, com base em sua química corporal, no cronograma, nos seus minutos de jogo e na enorme quantidade de energia que era gasta na quadra. O bife desacelerava a digestão de tudo o mais que ele comia — amidos, vegetais etc. — e mantinha constante o açúcar no sangue, para que ele tivesse mais energia durante todo o jogo. Não foi algo que aprendi em um livro ou em uma aula de nutrição, apenas fez sentido para mim. Eu sabia o que tentamos e o que não funcionava. Em vez disso, vamos fazer isso, podemos sempre experimentar macarrão ou outra coisa no intervalo. Mas, por enquanto, vamos com o bife.

Acredite em mim, eu tentei muitas ideias que não funcionaram de jeito nenhum. Passei horas montando o programa perfeito, até levar meu cliente ao treino e perceber em cinco minutos que tenho que jogar tudo fora. Eu não sou um gênio, longe disso. Não direi que sempre sei a resposta. Mas continuarei tentando soluções até encontrar.

O Vencer exige que você olhe para além do "caminho certo" e crie o seu próprio caminho. Os treinadores adoram ridicularizar os jogadores que se curvam quando se sentem cansados; eles dizem que é um sinal de fraqueza e lhes pedem para ficar de pé, com as mãos na cabeça. Nunca fez sentido para mim, mesmo quando eu estava jogando. Você está me dizendo que, se eu estiver cansado, devo colocar os braços sobre a cabeça para abrir mais os pulmões? Se estou respirando com dificuldade enquanto treino ou jogo, meus pulmões já estão abertos. Sempre me pareceu mais natural me curvar para a frente.

Então eu finalmente disse a Michael: "Agarre seus shorts." Ele achou que eu estava louco. "Faça isso. Quando precisar de um segundo para recuperar o fôlego, curve-se e agarre a barra do calção", eu disse. Não com as mãos nos joelhos, porque eu não queria que ele colocasse pressão sobre os joelhos. Quando ele começou a agarrar a barra do calção, percebi que era capaz de respirar mais profundamente e se recuperar muito mais rápido. Você pode pesquisar na internet por si mesmo e encontrar centenas de fotos dele na quadra, entre as jogadas, segurando a beira do calção.

Trabalhamos em todos os detalhes possíveis: dedos das mãos, pés, tornozelos... tudo que poderia dar errado, nós resolvíamos. Não é coincidência que ele tenha jogado todos os jogos durante a maior parte de nossos anos juntos; criamos a oportunidade para que isso se tornasse realidade. Esse era nosso estilo de "gerenciamento de carga": administrar o corpo para jogar a carga completa de 82 jogos da temporada regular, e potencialmente mais 26 nos *playoffs*, bem como na pré-temporada.

Como pensar, não *o que* pensar.

Com Kobe, havia pouquíssimas coisas que ele não tentaria em seu treinamento se ele acreditasse que poderíamos obter um ganho de 0,0001%. Quando eu disse a ele, pela primeira vez, que se curvasse para recuperar o fôlego, ele disse que não faria isso porque não parecia bom. Vencer faz com que tudo pareça bom, eu disse a ele. Ele tentou. Funcionou.

Fizemos passeios de bicicleta no deserto de Vegas ao meio-dia para que ele pudesse treinar nas condições mais desafiadoras. Voamos para a Europa para experimentar as primeiras câmaras de crioterapia, onde realmente caminhamos dentro de uma câmara gelada, totalmente imersos em temperaturas que fazem os tubos criogênicos de hoje parecerem quentinhos. Eu o fiz comer pizza na refeição antes do jogo, quando ele tinha jogos consecutivos, porque aumentava sua energia e resistência. Até mesmo sua decisão de usar um helicóptero em dias de jogo, de Orange County ao Staples Center, foi pensando em novas maneiras de obter aquela pequena vantagem, porque dava a ele um tempo longe de tudo e de todos antes do jogo. Eu sei que o helicóptero veio a causar uma tragédia catastrófica, mas ele não tinha medo do que poderia dar errado. Se pensava que algo lhe daria uma vantagem, ele queria.

Não é por acaso que os grandes descobrem o que funciona para eles, independentemente do que todo o mundo faz. Dwyane não se exercitava apenas nos dias de jogo, gostava de malhar logo antes das partidas. Ele preferia estar em casa pela manhã; era sua hora de relaxar. Então, antes dos jogos em casa, eu o encontrava na arena às 18h, antes do horário do jogo, fazíamos uma série de movimentos por cerca de vinte minutos e praticávamos arremessos por dez minutos longe da multidão, apenas o suficiente para fazer seu corpo sentir o que ele queria. Ele tinha toda a sala de musculação e a quadra de treinamento para si, e usava esse tempo para se preparar mental e fisicamente. Ninguém disse a ele para fazer isso; foi a sua maneira de criar um ambiente e um cronograma que lhe permitia um desempenho de alto nível.

LeBron James é outro grande que descobriu seu próprio caminho para o Vencer. Ele basicamente criou o fenômeno do *"super-team"* na NBA, decidindo onde queria jogar e com quem, sabendo que seria criticado por ir contra a maneira como outros haviam administrado suas carreiras no passado. Todos estavam dizendo a ele o que pensar, onde jogar e o que fazer. Ele exerceu seu direito de pensar por si mesmo e mudou não apenas o curso de sua carreira, mas o curso da própria NBA.

A cada temporada, ouço jogadores que dizem: "Vamos trabalhar juntos, farei o que for preciso." Então eu digo a eles o que é necessário, e eles não conseguem nem mesmo compreender do que estou falando. Não porque seja tão complexo, mas porque não é algo com que eles estão acostumados. Eles sempre treinaram de uma maneira; é tudo o que eles sabem. Mas se você não está obtendo resultados fazendo o que sabe, se você precisa planejar nosso trabalho ao longo de suas férias, se você se machuca a cada temporada e não consegue descobrir o porquê... talvez seja hora de pensar em novas maneiras de conseguir o que você está buscando.

Para mim, não se trata do que é certo ou errado, e sim de decidir o que você vai ou não negociar por si mesmo, e se você está disposto a expandir seu pensamento de um modo que lhe permita chegar mais perto do Vencer do que quem está competindo com você.

As pessoas ficam presas em seus pontos "inegociáveis", aquelas regras e crenças que não podem ser alteradas porque... porque... por quê? Por que todo o mundo diz isso? Por que é assim que você sempre fez? Você pode dizer a si mesmo repetidamente que não negociará seus sonhos, seus objetivos, seus planos, mas se você chegar ao ponto em que essas coisas não estão funcionando, pode ter que começar a negociar com você mesmo. Não com outros. Com você mesmo.

Você precisa ter cuidado com as questões inegociáveis, porque, embora pareça ser difícil e foda anunciar o que você fará e o que não fará de modo absoluto, existem infinitas coisas que podem atrapalhar e forçá-lo a mudar de direção. A maioria das pessoas não começou a planejar 2020 para acabar educando seus filhos em casa ou trabalhar na mesa da cozinha. Elas não planejaram o fechamento de suas academias. Meus atletas não planejaram viver em uma bolha ou jogar temporadas mais curtas; meus clientes corporativos não planejaram administrar seus negócios por meio de ligações do Zoom. Tente se agarrar às coisas inegociáveis enquanto tudo o que você planejou estiver sendo repentinamente arrancado de suas mãos.

Seus itens inegociáveis devem ser coisas que você — e somente você — pode controlar. A comida que você come. A aplicação com que você se dedica. As palavras que você fala. Os resultados que você entrega.

Se você não pode controlar pessoalmente o resultado, está lidando com metas que possivelmente exigirão que você se adapte, mude de direção, seja criativo e pense diferente ao gerenciar os obstáculos que bloqueiam seu caminho. *"Nossa equipe ganhará o título. Nosso negócio terá a receita triplicada. Meu filho irá para a escola de medicina."* Inegociável? Ou só pensamento positivo?

O Vencer ouve suas promessas e ri alto. Se você não controlá-lo, melhor estar preparado para negociar. E a negociação nunca para.

Eu vi grandes concorrentes chegarem ao topo recusando-se a negociar a própria ambição de vencer. Eles fizeram todas as escolhas certas, comprometeram o próprio tempo e esforço e fizeram o trabalho melhor do que ninguém. Mas, assim que ganharam, renegociaram tudo. A celebração começou, a pressão diminuiu, as prioridades mudaram e o foco no Vencer foi subitamente turvado pela busca de inúmeras outras coisas.

Para meus clientes, tenho um item inegociável: desempenho. Tudo o que contribui para isso está aberto à discussão, desde que cheguemos ao mesmo resultado final. Se treinar em dia de jogo ajudar, se você se sair melhor com um bife na dieta, se quiser andar de bicicleta no deserto a 49°C, você tem todo o meu apoio... contanto que o desempenho comprove os benefícios.

Você precisa beber? Tudo bem para mim. Conheço todos os estudos sobre os efeitos do álcool no desempenho, mas também vi em primeira mão o que uma taça de vinho pode fazer para relaxar o corpo e a mente. Eu não estou prescrevendo ou dizendo para você fazer isso. Se você precisa ir em uma festa e se divertir, eu entendo, mas se seu desempenho começar a fazer as pessoas se perguntarem onde você estava na noite anterior, precisaremos de alguns limites e restrições. Porque a única coisa que não negociaremos é algo que afete negativamente seu desempenho. Se você estiver fora até às 5h da manhã, se você bebeu muito, se você fuma para relaxar, eu o julgarei pelos seus resultados. Seu jogo foi um lixo no dia seguinte? Vamos conversar sobre o que aconteceu na noite anterior. Você jogou muito bem? Lembre-me do que você fez na noite anterior; podemos precisar fazer isso novamente.

Não consigo me lembrar de todas as vezes em que confiei em meu próprio pensamento e tive sucesso. Mas posso me lembrar das vezes em que ignorei meus próprios pensamentos, fiz o que me mandaram fazer e falhei.

Há alguns anos, eu estava falando para um grande público de empresários, a maioria homens, muito abastados, muito conservadores. Havia muitos palestrantes nesse evento, e a minha foi a palestra de encerramento. O organizador do evento fez um pedido a todos os palestrantes: sem palavrões. "Nós realmente não nos importamos, mas o público é muito conservador", nos disseram, "e não queremos ofender ninguém".

Veja, eu posso xingar ou não. Tenho certeza que não será surpreendente saber que fico muito mais confortável quando posso ser eu mesmo no palco, o que significa xingar ocasionalmente. Mas também tenho respeito por grupos e públicos que não gostam disso e sempre obedeço quando pedem para não dizer palavrões.

Então, estou esperando para subir ao palco e ouvindo o cara que está falando antes de mim. Ele é um ex-membro das Forças Especiais da Marinha Americana falando sobre liderança e trabalho em equipe... e ele está usando palavras que eu não sussurraria nem no vestiário. Nem uma única frase sem a palavrinha com f. E eu olho para o público... e eles estão adorando. Rindo, batendo palmas, e ovacionam de pé ao final.

E agora tenho uma decisão a tomar. Eu dei a essas pessoas minha palavra de que não haveria palavrões, pelo menos da minha parte. Quebro minha palavra e ignoro o pedido, como fez o cara na minha frente, porque sei que o público vai gostar da palestra que quero dar, ou sigo as regras e discurso sem xingar?

Mantive minha palavra, porque isso é inegociável para mim, e segui as regras. E foi a primeira vez que odiei meu próprio discurso.

Não porque usei uma linguagem formal — estava sendo respeitoso, que era a coisa certa a fazer —, mas porque deixei outra pessoa me dizer o que era "certo" quando eu sabia que estava errado.

E isso também é inegociável para mim.

TIM S. GROVER

Um de meus valores inegociáveis e essenciais é confiar em meus instintos e acreditar no que sei. Posso estar errado, mas quero a chance de estar certo. E eu prefiro decidir por mim mesmo a permitir que outros decidam por mim.

O Vencer não negocia. Você ganhou ou perdeu. O Vencer não se importa com o quão duro você trabalhou, não se preocupa com as circunstâncias extenuantes que apareceram no seu caminho. *Você trabalhou muito? Muito bem. Eu preciso de alguém que trabalhe duro, seja inteligente, rápido e uma porrada de outras coisas. Volte para a fila e descubra.*

Descubra. Coloque sua loucura para funcionar. Inove, não imite. E, acima de tudo, pare de ouvir todos que lhe dizem o que pensar. Se eles soubessem, todos seriam vencedores.

1.

VENCER INSTIGA GUERRAS NO CAMPO DE BATALHA DE SUA MENTE

Eu não sei uma maneira melhor de dizer isso, então se isso ofende... bem, fica por sua conta:

O Vencer fode com sua mente.

É isso.

Não há nada que possa desnorteá-lo de modo mais rápido e mais intenso. Você está apenas começando, e num instante acabou. Você está se sentindo calmo e tranquilo, e de repente, você está pegando fogo. Você está cara a cara com o triunfo, quando sente um tapa logo atrás de si. Você está cem por cento no comando, até perceber que outra pessoa está controlando tudo. Você finalmente coloca seus braços em volta do Vencer... e isso te deixa no chão com falta de ar.

Você dá tudo o que tem por uma vitória gloriosa... e descobre que nunca será o suficiente.

É como eu disse. O Vencer fode com sua mente.

Não há como você não ser afetado por isso.

Isso é válido para os maiores campeões da história, e igualmente válido para qualquer um que já desejou a vitória e a alcançou: em um minuto, eles explodem de alegria naquele momento do triunfo, e um dia depois, enfrentam a realidade de que, para manter essa sensação, têm que fazer tudo de novo. E agora será duas vezes mais difícil.

O Vencer é uma guerra. E o campo de batalha dessa luta é a sua mente.

Nesse campo de batalha, não há descanso. Sua mente nunca para. Você não tem paz.

Não me importo se você está morando em uma mansão de doze quartos ou de favor, em um sofá, em uma garagem. Quando você está na corrida para vencer, passa todas as noites dormindo com o inimigo. E esse inimigo é você: a única pessoa que conhece todas as suas fraquezas e seus medos, conhece tudo o que você anseia e teme e nunca para de usá-los contra você.

O Vencer enche sua cabeça com um campo minado de ideias, avisos e perguntas... e detona todas de uma vez. Seus pensamentos continuam lutando mesmo quando você está dormindo, se preparando para a ameaça de batalhas imaginárias que ainda não aconteceram. Elas podem acontecer, ou não.

Você vai para a cama cansado e acorda cansado porque há um ataque violento de caos em sua cabeça, e não há nenhum sono que possa apagar isso. No minuto em que acorda, você está lutando novamente. Sua mente está tão sobrecarregada de conflitos, que você nem consegue se lembrar de ter ido dormir.

Durante o dia inteiro, todos os dias, seu campo de batalha mental é atacado por explosões de adrenalina, raiva, medo e ansiedade, e outros estouros também. Estresse. Insegurança. Dúvida. Inveja. Às vezes, é um estranho que coloca tudo lá. Às vezes, é alguém próximo a você. Às vezes, é você. Na maioria das vezes, é você mesmo.

Se você olhar com atenção, poderá ler os rótulos das bombas: *"Você não pode vencer. A ideia é terrível. Todo o mundo está rindo. Você é ridículo. Isso custará muito caro. Foda-se esse pessoal."*

Nem todas essas minas são cruelmente duras; elas também podem ser gentis de uma forma perigosa: *"Você devia tirar um dia de folga. Você trabalha demais. Você é melhor do que os outros. Eles não têm chance. Você já ganhou. Relaxe, aproveite. Não leve tudo tão a sério."*

Os vencedores conseguem detectar essas bombas e desativá-las antes que possam causar qualquer dano. Os perdedores se preparam para o impacto e se perguntam como limpar a bagunça.

Você sabe tudo sobre esses explosivos e sabe exatamente o que vai detoná-los. Mas quando estiver pronto para lidar com eles, você estará cansado. Distraído. Confuso. Você tentará encontrar paz, um lugar calmo e sereno para pensar, e, em vez disso, se encontrará em uma zona selvagem de guerra mental, com fumaça, explosões e todo tipo de barulho, provavelmente os seus. E quando você está prestes a desarmar essa bomba-relógio, sente outra explosão detonando, e é cinco vezes pior. Em um minuto você está administrando as faíscas, e logo depois, uma granada acaba de explodir ali mesmo. Você está lutando contra incêndios em todos os lugares, e assim que você apaga um, as chamas de outro começam a subir.

Todo mundo quer "botar fogo no mundo". Mas você também precisa controlar o quanto o fogo queima.

O Vencer adora essa batalha: *"Quanto você pode aguentar? Até onde posso arrastar você? Você já está se divertindo?"*

Eu não me importo em saber quanta habilidade e talento você tem, quais planos você sonhou, quais promessas você fez. Se você não pode dominar esse campo de batalha, não pode vencer.

Esse é o seu espaço, seu território. É seu para dominar, ou outra pessoa o fará.

Você consegue remover esses explosivos do campo minado? Você tem força mental e agilidade? Você está ciente das distrações, inseguranças e falsas crenças plantadas em sua mente?

É isso que permite que grandes vencedores se separem de todos os outros. Eles têm perdas e fracassos, enfrentam críticas e comentários e todos os tipos de obstáculos. Mas eles têm a habilidade constante e absoluta de vencer essas batalhas mentais, finalizá-las e seguir para a próxima luta.

Seu campo de batalha mental é o centro de comando de todas as decisões que você toma. Se você decidir que algo é um problema, então será um problema. Quando você acorda no meio da noite se preocupando com dinheiro, pode descobrir uma maneira de lidar com suas finanças ou pode ficar no escuro se preocupando com o modo como nunca sairá dessa. Antes de um grande jogo ou reunião importante, você pode pensar em todas as maneiras de estragar tudo ou pode analisar mentalmente os detalhes de que precisará para fazer tudo dar certo. Quando você comete um erro, quando falha, pode pisar na mina que explode a bomba "PERDEDOR!", ou pode navegar até um lugar melhor onde tenha clareza para planejar seu próximo movimento.

Acredite em mim, não falarei sobre essas bobeiras de "pensamento positivo" e "imaginação". Você pode se imaginar um vencedor, pode imaginar aquele momento de glória, pode pensar positivo a respeito de como tudo funcionará. É um bom devaneio, mas sonhar acordado é tão eficaz quanto ligar para um telefone desligado. Acorda. Nada disso aconteceu ainda. O Vencer não visita seus sonhos... ele te vê em seus pesadelos.

Quais são os pensamentos que dançam em sua cabeça no meio da noite, quando finalmente tudo está calmo o bastante para que ouça seus próprios pensamentos? *"Eu fiz o suficiente? Eu poderia ter trabalhado mais duro? Posso fazer isso? Eu estou me enganando? Eu conseguirei?"*

Esses pensamentos podem desencadear a catástrofe para muitos que temem estar falhando; que acordam todos os dias em pânico, enfrentando mais um dia de ansiedade e pavor. *"Não faço ideia do que estou fazendo. Eu sou uma fraude, e todo o mundo perceberá isso. Eu nunca conseguirei. Eu sou um desastre. Eu não posso fazer isso."*

Mas, para outros, esses pensamentos são o projeto para melhorar. *"Eu entendi direito? Posso fazer melhor? Eu sei o que fazer, eu preciso fazer isso acontecer."* E eles avançam por cima das bombas, inspecionando-as por todos os ângulos, até que possam extraí-las e desarmá-las.

Assim era Kobe. *"Eu não posso descansar até acertar esse arremesso que eu deveria ter acertado hoje."* Ele ficaria repetindo aquele momento em sua cabeça, tentando descobrir o que aconteceu para que não acontecesse novamente. Ele revivia o jogo com a mente, revendo vídeos às 4h da manhã, até que pudesse entender por que perdeu em um lance. *"O que estava aconteceu com a defesa? Onde estava a bola? Girou da forma correta? Estava molhada? Pesando mais? Minha cabeça estava muito para trás? Peguei a bola do jeito certo? Meu cotovelo estava no lugar certo?"* Ele examinaria todas as variáveis possíveis até que conseguisse responder às suas próprias perguntas e saber com alguma certeza que a resposta da própria mente resolveria o problema na quadra.

Tudo o que você faz começa em seus pensamentos. Quantas vezes você já sabotou seus próprios objetivos e suas ambições por sua cabeça não estar no lugar certo? Você queria perder cinco quilos, mas a pizza parecia tão boa! Você queria parar de beber, mas, que diabos, foi um dia difícil! Você sabia que deveria ter feito aquele único telefonema, mas não tinha certeza do que dizer. Você tinha todos os planos para fazer uma grande mudança em sua vida... e deixou alguém convencê-lo do contrário.

Ninguém o forçou a fazer essas escolhas. Você simplesmente não estava preparado para vencer as batalhas.

Vi grandes jogadores perderem tudo porque não podiam dar aquele salto mental do querer vencer para o fazer acontecer. Eles começaram a acreditar na propaganda e na mentira toda e pararam de acreditar no que os levou lá, em primeiro lugar.

Não se trata apenas de atletas, é claro. Isso pode acontecer com qualquer pessoa, em qualquer empreendimento. Vejo isso o tempo todo com os líderes das empresas e os empreendedores com quem trabalho: um dia estando em uma trajetória clara para o sucesso; de repente, não conseguem vencer de jeito nenhum. O que aconteceu? Eles não se esqueceram de súbito de como fazer as coisas. Algo mais atrapalhou, e quase sempre é algo que vem da mente.

Já lidei com inúmeros atletas de enorme talento cujas carreiras foram completamente destruídas dentro de seus abrigos antibombas mentais. Eles acreditaram em cada elogio vão a respeito da própria grandeza, em cada grandioso tributo à excelência. Desde crianças, ficavam sabendo como eram especiais, o que pode ser verdade no ensino médio ou na faculdade. Infelizmente, não haviam realmente feito nada no aspecto profissional, e em vez de trabalhar mais duro para corresponder ao suposto potencial, acreditaram na propaganda exagerada e se concentraram em "construir sua marca", em vez de seus resultados.

Nota: obtenha os resultados, e a marca se construirá. Faça ao contrário, e sua carreira estará destruída muito antes de seu contrato com o fabricante de calçados terminar.

É assim que você se sabota.

Você está ganhando sua própria guerra? As pessoas encontram muitas maneiras de prejudicar o próprio sucesso. Distrações, preguiça, ego... O Vencer tem um milhão de maneiras de impedi-lo, se você não tiver resiliência para revidar.

Você lida bem com distrações? Tenho certeza de que conhece pessoas — incluindo você — que não têm capacidade de filtrar e gerenciar problemas com família e amigos, vícios, problemas financeiros, relacionamentos, saúde, problemas jurídicos... tudo o que acontece é um novo motivo para não cruzarem a linha de chegada. Elas dedicam seu tempo e sua energia a tudo e a todos, e depois culpam todas as coisas que "atrapalharam", sem jamais reconhecer que o maior obstáculo no caminho eram elas próprias. E, no final do dia, seu foco está em tudo, exceto na única coisa que poderia ter feito tudo funcionar — o Vencer.

Não estou falando sobre distrações tais como assistir a vídeos no celular, enviar mensagens aos amigos ou ir até a cozinha para seu décimo quinto lanche da noite, embora essas sejam distrações de fato. Estou falando sobre as distrações internas causadas por seu próprio combate mental consigo mesmo.

Se você fica procrastinando, se fica constantemente se desculpando por coisas que fez e não fez, se chega ao fim do dia e percebe que não fez coisa alguma do que queria — ou precisava —, você está distraído por seus próprios pensamentos.

Todos nós temos algum tipo de lista de "Coisas a fazer", mas, para a maioria, é uma lista de "Coisas a fazer que nunca serão feitas".

Os vencedores têm uma lista de "Coisas feitas".

Você tem uma lista que nunca fica mais curta? Coisas que você simplesmente não consegue realizar porque nunca tem tempo, ou conhecimento, ou dinheiro, ou a aprovação dos outros, ou seja o que for que você alega que está te impedindo? Coisas que você poderia ter feito quando estava em quarentena em casa durante a pandemia de Covid-19, literalmente sem nada para fazer, mesmo depois de assistir a todas as séries possíveis da Netflix?

Faça um favor a si mesmo: faça, ou admita que nunca os fará e siga em frente. Administrar esse "banho-maria" é uma gigantesca perda de tempo e energia; todos geram a mesma quantidade de calor de qualquer maneira, e essas coisas ficam em sua mente e o atormentam toda vez que você começa a pensar em tudo que deixou inacabado — ou nem sequer começado. Livre-se disso. Você se sentirá melhor no mesmo instante.

Distrações podem ser fatais para seus objetivos se você não as administrar. Observe que eu disse "administrar", não "eliminar". Eu sei, já te disseram mil vezes para "eliminar distrações". Não é possível. Você pode conseguir apagar algumas, mas as pessoas ainda precisarão de você, ainda haverá tarefas e afazeres a cumprir, o telefone, a TV e a geladeira ainda estarão lá, te provocando. E se essas coisas são perturbadoras o suficiente para criarem um problema, serão ainda mais perturbadoras ao você tentar eliminá-las.

VENCER: A CORRIDA IMPLACÁVEL PELA EXCELÊNCIA

Se você quiser gerenciar as distrações e obter o controle dessa batalha, é necessário estabelecer algumas rotinas.

Não estou falando para seguir rotinas antigas projetadas para mantê-lo confortável, seguro e passar o dia sem "embolar o meio de campo", porque essa embolação é necessária, às vezes. Muito. Se você nunca embola o meio de campo, como saberá o quanto pode aguentar? Não se trata de lutar contra o tédio, lidar com a ansiedade ou evitar coisas novas. Não quero ver você como que sonâmbulo na própria vida, apenas sobrevivendo. Todos nós conhecemos pessoas que estão trabalhando todos os dias. Elas dizem coisas como: *"Mais um dia, mais um dólar... Vem fácil, vai fácil... O sol nasce todos os dias... Feliz por estar aqui... Sem novidades."* Se você for assim — e eu sinceramente espero que não seja —, precisa acabar com essa rotina e substituí-la por algo que o envolva mentalmente e o ajude a criar novos desafios e resultados.

Para mim, rotinas são liberdade, se você usá-las da forma correta. Permitem que você aja com certeza e com propósito; removem as variáveis e os obstáculos que o tornam lento. E o mais importante, elas contornam as decisões no campo de batalha: *"Eu deveria? Eu não deveria? Por aqui? Dessa maneira? Hoje? Amanhã? Quanto tempo? A quem devo perguntar?"* Quando você tem uma rotina bem planejada, essas questões já foram respondidas. Você executa e segue em frente. Feito. Próximo.

MJ tinha a rotina de dia de jogo mais disciplinada que eu já vi, desde a maneira como selecionava seu relógio até o modo como amarrava seu tênis. Ele planejava e organizava todos os detalhes do próprio dia, desde a hora de fazer exercícios até o carro que dirigiria até a quadra. Ele se vestia com uma ordem específica, organizava os ingressos do jogo para a família e amigos, comia no mesmo horário todos os dias... tudo tinha propósito e disciplina.

E todos em sua equipe pessoal participavam dessas rotinas. Eu sabia a que horas e quanto tempo estávamos treinando (às 5h, 6h ou 7h da manhã todos os dias, mesmo em dias de viagem). A pessoa que gerenciava os automóveis dele sabia qual carro estaria dirigindo e a que horas deveria lavá-lo e deixá-lo pronto (MJ nunca usaria um carro que não tivesse sido lavado há pouco tempo). O chef sabia exatamente o que ele comeria e a que horas precisávamos que fosse servido. Tudo era planejado e coordenado, por isso não havia problemas no cronograma.

Parte de sua rotina era amarrar os tênis recém-saídos da caixa antes de cada jogo. O ritual tinha um significado especial para ele; cada vez que fazia isso, lembrava-se da sensação de quando era uma criança ganhando sapatos novos, e isso o levava a um lugar que o preparava mentalmente para o jogo e ajudava a colocá-lo na zona em que ele queria. Um dia, em viagem, o ônibus do time demorou a entrar na arena, então fui na frente e amarrei seus sapatos exatamente como ele fazia, só para economizar seu tempo. Ele se recusou a usá-los: eu interferi em sua rotina. Ele pediu ao gerente de equipamentos que comprasse para ele um novo par — desamarrado — para que ele mesmo pudesse amarrá-los.

Michael também treinava e jogava dentro de uma rotina. Cada vez que ele se aquecia para praticar, começava com um passe de peito. O maior jogador do mundo trabalhando em um passe básico de peito. Por quê? Rotina. Noções básicas. Fundamentos. A quadra era seu campo de batalha, e ele sabia onde todas as minas estavam enterradas. Se você não consegue dominar os fundamentos, não consegue dominar mais nada.

Mesmo antes dos jogos, no túnel, ele fazia o movimento de um passe de peito, observando uma bola imaginária se soltar perfeitamente de seus dedos, girando em sua mente, cortando os pensamentos desnecessários em sua cabeça.

Seus fundamentos eram tão bem ensaiados, que ele nunca pensava nisso durante um jogo. Ele sabia que, se pudesse chegar a um determinado ponto da quadra, nada poderia detê-lo. A maioria dos jogadores tem uma posição assim. MJ os tinha espalhados pelo chão inteiro da quadra; aquele era o seu campo minado. Ele sabia exatamente onde se posicionar e onde seus oponentes seriam explodidos.

Não é diferente de quando militares de elite estão em uma operação complexa. A rotina não é uma opção, é imperativa. Cada detalhe é planejado, mapeado e necessário; a equipe tem que trabalhar em sincronização completa, ou todos correm risco. Desde a maneira como você aprende a arrumar a cama até a precisão e exatidão de pular de um avião, não há espaço para opções criativas; as decisões foram feitas para você. Não pense. Faça.

Parte da grandeza de MJ era sua capacidade de execução; até mesmo os menores detalhes de seus movimentos permitiam que ele agisse e reagisse mais rápido do que quase qualquer outra pessoa na quadra. Conseguia arremessar rapidamente porque pegava a bola com os joelhos dobrados e os ombros já alinhados, então ele já estava em posição para lançar. A maioria dos jogadores pega a bola e depois fica em posição de fazer o arremesso. MJ já estava lá; a arma já estava travada e carregada. Ele raramente precisava reposicionar seu corpo ou virar os ombros após o passe; tudo o que ele precisava fazer era receber e virar a cabeça para ver a cesta.

Até hoje eu não faço ideia se isso foi algo que ele aprendeu ou se era alguma coisa inata. Mas eliminou uma fração de segundo por não ter que pensar nessas etapas extras, por não ter que desperdiçar energia física e mental.

É assim que você controla seu campo de batalha mental.

Por que a rotina era tão importante para ele? Porque os jogos em si eram muito imprevisíveis. Não incontroláveis, mas imprevisíveis. E controlar o imprevisível era sua especialidade. Ele nunca entrou em pânico, nunca vacilou diante de obstáculos imprevistos. Rodman expulso de um jogo? *"Não tem problema, vamos pegar seus rebotes."* Scottie está ferido? *"Não tem problema, nós cuidaremos de seus pontos."* Time sendo desmontado no final da temporada? *"Deixa comigo. Dê-me a bola e saia do caminho."*

Você não consegue lidar com nada disso se sua mente está lutando contra tudo o mais em sua vida.

A rotina de Michael permitiu-lhe a liberdade mental e clareza para se concentrar em uma coisa: a complexidade do jogo e gerenciar todas as variáveis que se interpunham entre ele e uma vitória. Ele planejou o imprevisível e estruturou sua vida para minimizar o impacto que isso teria em seu desempenho.

Mas os grandes entendem que você não pode planejar tudo. O Vencer respeita suas rotinas e hábitos, mas floresce no imprevisível e continuará jogando bolas rápidas — para cima e por dentro, às vezes na sua cabeça —, até jogar a bola de curva, apenas para ver se você consegue se adaptar e lidar com o inesperado. Se você só consegue fazer as coisas de uma maneira, se não consegue operar fora de seu próprio sistema, o Vencer fica entediado e encontra outra pessoa com quem jogar.

Uma rotina pode permitir que você coloque uma parte do caminho no piloto automático, mas para chegar ao seu destino final, você precisará de controle total sobre o resultado. Essa é a diferença entre um *quarterback* vencedor, que pode usar um *audible* em uma situação ruim e transformá-la em um sucesso, e um *quarterback* ruim, que só pode executar a jogada que ensaiou. Se você está pilotando um caça a jato, não pode deixar o controle total para o piloto automático; você deve o tempo todo estar preparado para substituir o sistema e lidar com o inesperado.

Muitos de nós tivemos que enfrentar esse desafio durante a pandemia de Covid-19, que interrompeu ou alterou quase todos os aspectos de nossa vida de algum modo. De repente, as rotinas básicas mudaram — ou desapareceram completamente —, com opções limitadas de retornar às coisas como eram. Todas as coisas que faziam parte da rotina — a que horas você se levantava, quando saía de casa, quando ia à academia, onde almoçava, quem via e com quem falava, a que horas voltava para casa, o que fazia quando entrava em casa, como relaxava à noite, a que horas ia para a cama —, tudo foi alterado ou eliminado de repente.

Cada rotina, cada hábito, cada procedimento teve que ser replanejado e reaprendido. Para alguns, foi um desastre, porque não conseguiam lidar com o cenário em rápida mudança. Mas, para outros, foi uma oportunidade de se livrar de velhos hábitos, mudar antigas rotinas e encontrar uma nova maneira de fazer as coisas.

Para muitos, a pandemia expôs os hábitos e sistemas inúteis aos quais nos conectamos repetidamente, sem nenhum benefício real. Usei a situação para desafiar meus clientes, especialmente aqueles no mundo dos negócios que tentam criar um novo "normal" para eles e suas equipes: Por que você tem essa rotina? Pelo medo? Tédio? Estratégia? É assim que sempre foi feito? Você não conhece outra maneira? Quais as limitações de se apegar a isso? Como isso ajuda a vencer?

Para atletas profissionais que vivem de acordo com o cronograma e a rotina, as quarentenas e os novos protocolos apresentam um desafio interessante. Quando você joga de uma maneira durante toda sua carreira — na frente de fãs, rodeado por familiares e amigos, em uma programação que nunca varia —, é necessário um nível extra de foco para lidar com uma nova realidade, de estádios vazios à Bolha da NBA. Alguns encararam isso sem problemas. Outros não conseguiram lidar com a interrupção de suas rotinas, e isso apareceu em seus resultados. A diferença não era física. Foi tudo mental.

Cada rotina deve levar em consideração a possibilidade da incerteza. Se você se preparar para apenas um cenário, não terá chance de sobreviver à volatilidade das condições do jogo real. É verdade para os esportes, verdade para os negócios, verdade para a vida. Se você só consegue funcionar quando as coisas são feitas de uma certa maneira, em um determinado momento, isso me diz que você não tem a capacidade de se adaptar a variáveis em tempo real.

No basquete, por exemplo, você pode praticar o lance perfeito o quanto quiser, mas no jogo, você nunca saberá como o passe está vindo para você. Ao longo dos anos, dei inúmeros passes para meus atletas, e houve momentos em que eles devolviam a bola porque não gostaram de como eu a lancei. Muito alta, muito baixa, muito forte, muito fraca, tanto faz. Certa vez, tive um estagiário que todos odiavam, não porque ele não fosse ótimo no que fazia, mas porque seus passes eram muito fracos. Isso enlouquecia os jogadores. E entendi o problema do estagiário, porque, mesmo se você for forte, provavelmente não tem a força de um jogador da NBA, por mais que esteja dando mil

VENCER: A CORRIDA IMPLACÁVEL PELA EXCELÊNCIA

passes por dia para esses caras, até porque cada jogador quer a bola em uma altura diferente, em um local diferente. Mas toda vez que ele lançava aquele passe fraco, era nisso que eles pensavam, em vez de se concentrar no que estavam fazendo. Eles queriam ver a bola na velocidade do jogo.

Então eu fazia passes imprevisíveis de propósito, e quando eles reclamavam, eu dizia: "Com que frequência, durante o jogo, você consegue aquele passe perfeito no local perfeito? Você tem que ser capaz de chegar aqui ou ali, e estar pronto para o passe que não é o que você esperava. Eu não quero você, naquele momento, pensando 'Que merda de passe!' Quero vê-lo pegar o passe que seja."

Se um jogador errava um arremesso que deveria ter acertado, trabalharíamos nisso passando a bola exatamente como ela havia sido passada quando ele errou, para que pudéssemos descobrir o que aconteceu e ter certeza de que não aconteceria novamente.

Eu costumava me matar com esses passes. A maioria dos treinadores ficava embaixo da cesta para rebater a bola e devolvê-la ao jogador para que fizessem outro arremesso. Mas, em um jogo real, o passe pode vir de qualquer lugar. Então, toda vez que meus clientes arremessavam a bola, eu corria para a cesta, pegava a bola, corria para um local diferente, passava para eles, corria de volta para a cesta, pegava a bola, corria para outro local, passava para eles... Porque essa era a batalha exata que eles precisariam travar. Não apenas a batalha física para dominar o passe, mas a batalha mental para manter o foco quando as coisas não saíam conforme o planejado.

E sim, eu poderia ter um estagiário ou assistente para fazer todas as corridas e rebotes, e às vezes eu tinha. Mas meus melhores jogadores queriam me ver trabalhar tão duro quanto eles; eles precisavam saber que íamos para a batalha juntos e que venceríamos a guerra juntos. Eu ainda posso ver o sorriso no rosto de Kobe quando ele perdia alguns passes de propósito, só para que eu tivesse que correr para pegar os longos rebotes.

A batalha começa e termina em sua própria mente. Seus pensamentos devem ser renovados de modo constante, como uma subscrição diária que deve ser paga para que você possa pensar com clareza. Você obtém atualizações para seu computador e smartphone; com que frequência atualiza suas ideias? Suas estratégias? Suas prioridades? Com que frequência você reinicia sua energia mental e exclui os programas e arquivos desatualizados?

A ação se origina em seus pensamentos. O Vencer irá puxá-lo em uma direção, mas sua mente vai puxá-lo de volta: *"É muito difícil. Eu não esperava isso. Eu não estou preparado. Eu não sou bom o suficiente."*

Você tem confiança o suficiente em si mesmo para vencer essa batalha? Você está preparado para apostar em si mesmo, para vencer? Estamos prestes a descobrir.

1.

VENCER É UMA APOSTA
FINAL EM VOCÊ MESMO

Na noite antes de eu começar a treinar Kobe Bryant, em 2007, eu estava sentado em um pequeno restaurante perto de meu hotel, em Newport Coast, e Kobe entrou para buscar sushi.

Eu não o conhecia bem naquela época. Nós havíamos conversado pelo telefone várias vezes depois que Michael disse a ele para me contratar e nos cruzamos algumas vezes ao longo dos anos, mas nunca realmente passamos um tempo juntos.

Isso estava prestes a mudar drasticamente.

Ao longo dos anos, vários jogadores perguntaram a MJ se poderiam me contratar para treiná-los durante a temporada, e sempre obtiveram a resposta padrão: *"Eu não o pago para me treinar; eu pago para não treinar mais ninguém."* Mas nessa época ele já estava aposentado e genuinamente queria ver Kobe jogando no nível mais alto, pelo tempo que conseguisse.

Eu havia visto e ouvido todas as comparações entre os dois; fiz minha própria lição de casa e estava pronto para descobrir por mim mesmo o quão semelhantes ou diferentes eles de fato eram.

A primeira grande diferença que notei: Kobe Bryant conseguiu entrar em um restaurante de sushi na hora do jantar, sem que nenhuma pessoa corresse até ele para tirar fotos ou pedir autógrafos.

Não estou dizendo isso para criticar ou desrespeitar, apenas para tratar dos fatos. Michael nunca poderia ter feito isso, nunca, e eu passei tantos anos junto a ele, que cheguei a imaginar que todas as superestrelas fossem tratadas da mesma forma.

Nosso trabalho juntos começou no dia seguinte, na UC Irvine. Kobe estava quieto, na dele... totalmente focado. Falamos de seus problemas de joelho, de alguns outros assuntos que ele queria trabalhar e da única coisa que ele tinha em mente o tempo todo: ele queria aprender tudo o que pudesse sobre MJ. O programa, a agenda, os treinos, toda a rotina. Ele queria saber do estilo de vida de Michael, como ele reagia a certas situações, como lidava com companheiros de equipe e treinadores e qualquer outra coisa que Kobe pudesse adicionar ao próprio arsenal.

Ele queria conhecimento.

Não para que pudesse se tornar um MJ. Para que ele pudesse se tornar um Kobe melhor.

A maioria dos jogadores que me perguntavam a respeito de MJ ao longo dos anos só procuravam maneiras de copiar sua mentalidade e seu jogo, o que não pode ser feito. Eu poderia listar todos os traços, hábitos e filosofias que o tornaram grande, mas o segredo está em como tudo isso estava junto, e isso é único para cada indivíduo. Você pode pegar todos os ingredientes da Coca-Cola — eles estão listados na lata — e combiná-los de milhares de maneiras diferentes, mas nunca será capaz de replicar a Coca-Cola, porque não se trata dos ingredientes, trata-se da fórmula para combinar esses ingredientes.

Quando você é emblemático, nunca pode ser copiado.

Kobe entendia isso. Por isso queria aprender, para que pudesse implementar algumas coisas que funcionariam para ele e para que pudesse seguir melhorando o próprio jogo. Porque, quando você já é muito bom, não há muitas pessoas que podem te mostrar como você pode ser melhor.

Frequentemente me perguntam a respeito das diferenças e similaridades entre os dois. Eu não gosto de comparar, porque, para mim, os dois eram tão únicos e diferentes, que seria injusto com ambos. Mas se quiser um resumo básico das coisas, seria assim:

Kobe trabalhava de forma mais dura. MJ trabalhava de forma mais inteligente.

Kobe não parava nunca. Me perguntava sobre cada um dos aspectos de nosso treinamento; precisava saber o porquê e como tudo funcionava. Ele não estava sempre feliz de estar ali — *"O que mais falta?"* —, mas sempre fazia o trabalho e sempre voltava para fazer mais.

Ele era insaciável em seu desejo de ver os vídeos dos jogos. Assistia a uma jogada repetidas vezes, processando o que ocorrera e como ele poderia fazer com que fosse melhor; inclusive carregava um aparelho de DVD para todo lugar — foi antes do iPad —, assim poderia assistir aos vídeos especiais que o time preparava. Quando isso não era o suficiente, nós trazíamos meu diretor de desenvolvimento de jogadores, Mike Procopio, para cortar as cenas de cada jogo e de cada oponente, estudando e criando estratégias para todos os cenários possíveis. Das 2h às 4h da manhã, esse era o foco de Kobe... a não ser que estivesse na quadra treinando arremessos.

Se houvesse um ginásio aberto às 3h da manhã e ele quisesse treinar algo, estaria nesse ginásio. Naquele tempo, eu nunca dormia, só cochilava, porque você nunca sabia quando deveria estar a postos para voltar ao trabalho. Nós estaríamos na quadra às 3h da manhã, e às 4h30 eu o faria ir embora para que descansasse um pouco. Mas eu ficava... porque sabia que ele voltaria depois de quinze minutos, e eu teria que fazê-lo ir embora outra vez. De tudo que trabalhamos, simplesmente fazê-lo parar era o mais desafiador.

Numa performance atlética, tudo tem a ver com vamos-vamos-vamos e pra cima-pra cima-pra cima, e nunca é dedicado muito tempo e atenção a PARAR. O Vencer precisa que você pare de vez em quando, descanse, ouça, veja, cheire, aprenda, entenda. Se tudo que puder fazer for seguir em frente, acabará passando pelo Vencer sem nem reconhecê-lo.

MJ sabia quando parar. Entendia as coisas tão rápido, que não precisava estudar tanto e duramente, ele apenas sabia. Ele assistia ao VT da partida, mas geralmente era apenas para confirmar o que já havia recriado pela própria mente. Sua cabeça era como uma biblioteca infinita de imagens, momentos e jogadas; ele se lembrava de cada ação e reação, e sabia como se preparar para o que estava por vir.

Você nunca o encontraria em uma quadra às 4h da manhã. Ele dormia à noite, porque sabia que dormir era parte do treinamento, e como mencionei antes, malhávamos quase todos os dias às 5h, às 6h ou 7h da manhã, dependendo da agenda e do fuso horário. Vez ou outra, ele queria fazer uma sessão de treinamento tarde da noite enquanto estávamos na estrada, apenas para ter certeza de que conseguiríamos. Uma vez, quis ir direto para a quadra quando pousamos, e eu tive que pegar uma camiseta dele, porque não tive tempo nem de ir para o meu quarto e me trocar. Dois anos depois, ele me viu vestindo aquela camiseta novamente e se lembrou de que eu nunca a havia devolvido. O homem nunca esquece de nada — como todos vimos na série *O Arremesso Final*.

Ele nunca questionava o que estávamos fazendo ou por que estávamos fazendo; confiava na própria capacidade de sentir o que estava funcionando. Eu lhe dava o cronograma, e nós o

VENCER: A CORRIDA IMPLACÁVEL PELA EXCELÊNCIA

cumpríamos. Normalmente, me fazia cumpri-lo junto, tendo alguém com quem competir. Mas seu objetivo era ser eficiente e eficaz, como ocorria com tudo o mais.

Sobre os treinos das 5h, 6h e 7h da manhã, toda a nossa conversa após os jogos às vezes se resumia a "A que horas?", com Michael jogando de volta um número: cinco, seis ou sete. Mas eu nunca explicava por que sempre mudávamos.

Os vencedores precisam estar no auge em qualquer situação, independentemente do fuso horário, da localização ou de outras variáveis. Para você, isso pode significar chegar a uma reunião com mau tempo, com voos cancelados, uma mudança de horário de última hora que o force a acordar mais cedo do que o normal, ou outra coisa que o tire de sua zona de conforto. Para meus atletas, é essencial que eles tenham o melhor desempenho a qualquer hora do dia, em qualquer fuso horário. Se eles sempre treinam no mesmo horário, seus corpos se aclimatam a uma coisa, o que pode não funcionar se eles estão jogando em todo o país e, especialmente, se estão jogando da costa leste à costa oeste em um espaço de apenas alguns dias. Por isso, sempre variamos os tempos de nossos treinos, para que meus atletas possam estar preparados para tudo.

Enquanto MJ era todo eficiência, Kobe era sempre *mais*: se um pouco era bom, *mais* era melhor. Michael sabia quando tinha trabalhado o bastante, então poderia seguir em frente para o que estava por vir.

Ao longo dos anos, pensei muito sobre o que os tornava tão especiais, e, sem dúvida, cada um tinha características incomensuráveis que definiam a própria excelência. Habilidade e talento, é claro. Ética de trabalho. Inteligência. Comprometimento. Resistência.

Mas, acima de tudo, eles tinham isto em comum: cada um tinha uma confiança inabalável em si próprio que nunca vacilava.

Eles não precisavam saber o que estava por vir, mas estavam sempre prontos. Sabiam quando fazer o arremesso e quando passar para outra pessoa. Quando falar e quando ficar em silêncio. Quando acelerar e quando desacelerar. Quando responder às críticas e quando rir delas.

Para Michael, era acreditar que superaria o time dos *"Bad Boys"* do *Detroit Pistons* e as lesões que infligiram nele, para se tornar o melhor que houve. Era ignorar as críticas e o ceticismo quando se aposentou da NBA, após três campeonatos, para seguir uma carreira no beisebol. Ignorar mais críticas e ceticismo quando voltou à NBA, quase dois anos depois, quando todos diziam que nunca poderia ser tão bom, e então ganhar mais três campeonatos. Dar tudo o que tinha para o *Last Dance Bulls*, sabendo que o time seria desmontado no final da temporada.

Nunca recrutou superestrelas para jogar ao lado dele, embora a organização sempre pedisse que ele fizesse isso. A certa altura, a gerência do *Bulls* pediu que MJ participasse de uma teleconferência com Sam Bowie, que era um agente livre na época. Todos fizeram sua apresentação para Sam a respeito de por que ele deveria se juntar ao *Bulls* e do quanto o time queria e precisava dele em Chicago. Phil fez sua apresentação, junto com Jerry Krause e Scottie... e então foi a vez de MJ.

"Sam, você vem ou não?", ele disse. "Vamos vencer com ou sem você."

Sua crença em si mesmo era tão poderosa, que ele nunca duvidou do próprio êxito. Mesmo depois de se aposentar, ainda estava encontrando maneiras de investir em si mesmo e em suas habilidades. Ele comprou o *Charlotte Hornets* e se tornou o primeiro jogador da NBA a ser sócio majoritário de um time. Continuou sendo parte integrante da marca Jordan da Nike, que ganhou mais de US$3 bilhões em 2020. Ele começou — e dirigiu — vários novos empreendimentos e negócios.

VENCER: A CORRIDA IMPLACÁVEL PELA EXCELÊNCIA

Competiu em campos de golfe (incluindo o campo que construiu para si mesmo), competiu em torneios de pesca.

Ele não *precisava* fazer nada disso — o homem já vale mais de um US$1bilhão.

Mas Vencer é um vício como nenhum outro, e uma vez ele que lhe mostre algum amor implacável, você desejará esse amor para sempre.

Não era diferente para Kobe. Tudo o que ele fez foi em cima da confiança nele mesmo, começando com a decisão de largar a faculdade e ir direto para a NBA. Ganhou três campeonatos ao lado de Shaq, e então passou o resto de sua carreira provando a si mesmo que poderia vencer sem Shaq — duas vezes. Aprendeu cinco línguas, incluindo mandarim (porque sabia que a NBA seria enorme na China) e esloveno, para poder xingar Luka Dončić na lateral da quadra. Falava com o companheiro de equipe dos *Lakers*, Pau Gasol, em espanhol, assim nenhum dos jogadores adversários sabia o que fariam. Ele jogou com lesões que teriam destruído a maioria dos jogadores; rompeu seu tendão de Aquiles, mas permaneceu na quadra tempo suficiente para fazer dois lances livres, e então perguntou se havia uma maneira de apenas "amarrar" para que pudesse continuar jogando.

E depois de sua carreira no basquete, enquanto a maioria dos jogadores ficava tentando encontrar meios de se agarrar aos tempos de glória, Kobe foi direto para o mundo do entretenimento, ganhando um Oscar pelo curta-metragem *Dear Basketball* (que ele narrou e do qual foi produtor executivo); também escreveu livros infantis de sucesso. Ele compartilhou seu amor pelo basquete com uma nova geração de jogadores, investindo seu tempo e sua paixão em treinar sua filha Gianna e outras meninas com um padrão de excelência ao qual a maioria dos times da NBA não poderia se igualar.

Não tenho dúvidas de que estava preparando Gigi para ser a primeira mulher a jogar na NBA.

É assim que você aposta em si mesmo.

Para MJ e Kobe, tudo se resumia a uma crença imperiosa em tudo o que eles faziam. O mesmo se aplica a *todos* os grandes com quem trabalhei — Dwyane Wade, Charles Barkley, Tracy McGrady, Scottie Pippen, Hakeem Olajuwon e tantos outros. Cada decisão, cada movimento estava enraizado na confiança.

Nos primeiros dias da carreira de Michael, um repórter perguntou a seu treinador, Doug Collins, sobre a estratégia para treinar o melhor jogador do esporte.

"É muito simples", disse Collins. "Dê a bola pra ele e saia da porra do caminho."

Os grandes não precisam ser informados a respeito do que fazer. Eles já sabem e sempre encontram uma maneira de fazer o jogo valer a pena.

Pouquíssimas pessoas são capazes — ou estão dispostas a — de apostar em si mesmas. Eles se tornam o auxiliar de gerência de suas próprias vidas, esperando orientações e a aprovação de alguma autoridade superior, porque não se sentem confiantes o suficiente para tomar decisões e agir por conta própria.

Confiança é a droga das drogas, e o Vencer é o traficante. É a cura da dúvida, da insegurança, do pânico e da baixa autoestima, o antídoto para a queda livre que você experimenta quando está perdendo o controle, a vacina para o medo e a fraqueza. Mas não há receita para isso, e ninguém pode dá-la. Ou você sente isso entranhado dentro de si mesmo e traz para fora, ou não.

Sempre que falamos sobre o que está "bem dentro" de nós — do instinto —, volto aos especialistas indiscutíveis: bebês e crianças pequenas. Com o que nascemos e o que nos ensinam?

Todos nós começamos confiantes. Os bebês dão os primeiros passos, caem, se levantam, caem, riem, choram, se levantam, caem e seguem em frente. Em nenhum momento eles dizem *"Cansei disso. Vou me sentar. Para sempre"*. Eles fazem o que parece certo e não se importam com o que você pensa a respeito. Se eles não gostarem do que você der para comerem, eles cuspirão. Quando as crianças veem um cachorrinho, sua primeira reação é brincar com ele. É só quando alguém lhes ensinar dizendo "NÃO! NÃO! TOME CUIDADO!" que aprendem a hesitar e sentir medo.

Crianças pequenas cantam e dançam sem motivo; desenham imagens malucas com rabiscos e se vestem com o que parece adequado a elas próprias. Têm uma bota roxa e um tênis laranja, asas de fada e um capacete e quatro camisetas e estão cantando "Parabéns pra você" para todo o mundo que passa na rua.

Até que os adultos se envolvam. *"Você não pode usar isso! Você parece louco! Entra já! Troca essas roupas! Não é aniversário de ninguém, por que você está cantando?"*

E não importa o quão confiantes essas crianças sejam, eventualmente alguém as fará sentir vergonha disso. Ou algo acontece para fazê-las acreditar que não são boas o suficiente de alguma forma.

São poucas as crianças que têm a capacidade de ignorar isso, e acaba tudo permanecendo com você.

Todo indivíduo bem-sucedido pode lhe contar sobre o momento (ou momentos) humilhante que definiu seu nível de confiança e o fez escolher: Perder ou Vencer?

Para MJ, foi ser cortado do time de basquete do colégio. Tom Brady foi a 199ª escolha no draft da NFL. Kobe fez seu famoso "jogo de *airball*" como um novato de 18 anos nos playoffs de 1997, quando arremessou uma bola no final do quarto tempo e depois mais três na prorrogação. Dwyane recebeu apenas três ofertas de bolsa de estudos quando estava no ensino médio e foi declarado inelegível para jogar seu primeiro ano na *Marquette* em virtude de questões acadêmicas. Charles Barkley, que pesava 140 quilos quando era novato, perguntou ao colega de equipe Moses Malone por que não conseguia mais tempo de jogo e foi informado de que era muito gordo e preguiçoso. Scottie Pippen começou sua temporada de calouro na *University of Central Arkansas* como responsável pelo equipamento do time.

Nenhum de nós está a salvo do senso de humor doentio do Vencer. Basta perguntar ao representante de vendas que não consegue ganhar seu bônus, ao jogador da NFL que erra o *field goal* que acabaria com o jogo, ao arremessador que arruína tudo no Game 7, ao advogado que perde um caso enorme por um detalhe técnico.

Se você for um vencedor, tudo depois disso se torna um compromisso sem fim de continuar apostando em si mesmo, uma decisão para o que vem a seguir: *para onde vou a partir daqui? Eu sou tão ruim assim? Ou sou muito melhor do que isso, e agora preciso provar... não para todos os outros, mas para mim mesmo?*

Para mim, houve tantos desses momentos, que não consigo me lembrar de todos eles. Quando criança, comecei a primeira série aos 4 anos (eu havia acabado de chegar aos Estados Unidos com meu pai, e eles acreditaram na palavra dele quando disse que eu já estava na primeira série), e fui imediatamente colocado na classe para crianças que não conseguiam acompanhar as aulas. Eu não conseguia ler em voz alta e não conseguia soletrar. Tínhamos que nos levantar na frente da classe, e o professor nos dizia uma palavra simples:

"Tim, por favor, soletre a palavra 'Uma'."

Pensei por um minuto. Quem se importa em como soletrar "uma"; você conta, não soletra. Mas tudo bem: "U... N...A..."

VENCER: A CORRIDA IMPLACÁVEL PELA EXCELÊNCIA

Todos da classe rindo. Mas eu não estava rindo, e ainda não é engraçado para mim, embora essa história cause uma boa gargalhada quando eu a conto. Essas coisas marcam as crianças.

Olhando para trás, algumas de minhas maiores humilhações foram em sala de aula, o que era muito errado, já que sempre tive boas notas (na minha família, não havia outra opção). No meu primeiro ano na faculdade, era graduando em cinesiologia, convenci os outros a me deixarem cursar uma aula avançada sem fazer a aula de pré-requisito, que teria me ensinado o que eu precisava saber. O professor começou o trimestre fazendo com que todos ficassem de pé e fazia perguntas a cada aluno. Se você não pudesse responder, permaneceria em pé durante toda a aula.

Fiquei de pé durante sete semanas e meia, três vezes por semana.

Todos os outros haviam respondido às suas perguntas — estavam sentados. Fiquei ali sozinho, suando, envergonhado e furioso comigo mesmo. Até que percebi que poderia ficar por lá e fracassar, ou poderia pegar o livro básico de cinesiologia e aprender o que já deveria saber.

Até hoje me lembro do momento em que respondi corretamente a uma pergunta — ironicamente, foi durante a vigésima terceira aula —, e o professor disse: "Sr. Grover, você pode se sentar agora."

A essa altura, é claro, eu já havia aprendido sozinho o curso inteiro e não parava de responder às perguntas até que o professor finalmente dissesse: "Sr. Grover, não preciso que você fale agora."

Havia chegado onde queria, finalmente. Minha confiança também.

A confiança chega até nós de muitas maneiras, não apenas em como nos vemos, mas em como os outros nos veem.

Há alguns anos, estava trabalhando com um grupo de CEOs e líderes corporativos como parte de um seminário tratando de excelência competitiva. Cada indivíduo na sala era bem-sucedido, rico e bastante respeitado entre os colegas e seus iguais. Estávamos falando de obstáculos pessoais e problemas que eles enfrentaram na corrida para o topo.

"Quem aqui foi chamado de imprestável?", eu perguntei.

Algumas mãos se levantaram, nervosas.

"Levantem-se e fiquem de pé", eu disse a eles. "Quem aqui foi informado de que estava perdendo tempo?" Alguns se levantaram. "Isso não vai dar certo. Você nunca vai conseguir." Cada vez mais gente de pé. E finalmente: "Você é louco."

Agora todos estavam de pé. "Eu também estou de pé", eu disse. "Essa última parte foi um elogio. Todo mundo que já fez alguma coisa na vida teve a certeza de ser um pouco louco."

Estamos falando de você aqui? Você está trabalhando em prol de coisas que parecem loucura para os outros, mas fazem todo o sentido para você? Você está apostando em sua própria crença, em sua capacidade, e visão, mesmo quando todos os outros não podem ver e querem que você pare?

Não pare.

A excelência é solitária. Ninguém entenderá pelo que você passou para chegar onde está.

Claro, você tem que ter algum motivo para acreditar que pode alcançar o que deseja. Você não será o primeiro novato de 50 anos na NBA, não ganhará o Masters se nunca ganhou o torneio local de sua vizinhança, não se tornará um bilionário apenas olhando para coisas caras e desejando que fossem suas. Todos os dias contam, especialmente para atletas que têm uma habilidade específica, com uma data de validade sempre próxima. Os grandes entendem a realidade disso.

Ter confiança adquire um significado especial quando tudo está em jogo. Não se trata só de entrar em um quarto como o seu, ou se sentir bem com o que estiver vestindo, ou saber todas as respostas se alguém perguntar. Quando você está competindo pelo prêmio, quando tudo está em suas mãos, a confiança é saber, sem dúvida, que você ganhará. Como Tom Brady, que deixou o *New England Patriots* depois de vencer seis campeonatos, decidiu jogar pelo *Tampa Bay Buccaneers* e, aos 43 anos, conquistou seu primeiro título do *Super Bowl* em quase 20 anos.

Pessoas confiantes são uma raça especial de assassinos; você não pode quebrá-las, porque já foram quebradas várias vezes. É assim que se tornaram tão confiantes, em primeiro lugar: não pelos outros dizendo como são bons enquanto jogavam confetes e faziam desfiles, mas sendo decepcionadas, chutadas e azucrinadas, e aprendendo por si mesmas o quão fortes e poderosas realmente são.

Estando na pior situação possível e tendo a confiança para acreditar: nós vamos sair dessa situação ruim.

Basta perguntar ao *Chicago Cubs* de 2016, que carregaram o fardo de perder 108 temporadas no Jogo 7 da Série Mundial contra o *Cleveland Indians*. Com o jogo empatado e o ímpeto rolando para o *Indians*, uma tempestade repentina caiu e forçou a partida a um atraso de 17 minutos. O defensor do *Cubs*, Jason Heyward, olhou para seus companheiros de equipe, os viu baixando a cabeça e se preparando para a 109ª temporada perdida e fez um discurso severo que, segundo todos os relatos, levantou a equipe e salvou o jogo. Sua confiança se tornou a deles. Isso é liderança.

Ter confiança é se sentir pior do que já se sentiu em toda sua vida e saber que se tornará mais forte do que antes. É ouvir outras pessoas dizerem que está tudo bem, você é perfeito do jeito que é... e saber que elas estão errados, e que você ainda tem muito trabalho a fazer.

Considere o lendário Phil Heath, sete vezes *Mr. Olympia*, que lutou por seu oitavo título um ano depois que uma cirurgia o havia tirado das competições. Ele poderia ter se afastado, poderia ter levado suas medalhas e os elogios e seguido atrás de muitas outras oportunidades. Mas teve a confiança de tentar novamente e provar a si mesmo que ainda poderia fazer o trabalho e competir no nível mais alto, sabendo que o resultado não estava garantido.

Pessoas confiantes não vivem no passado; se lembram do que aconteceu, mas não permitem que isso afete sua capacidade de seguir em frente. Elas entendem que perder é inevitável e se recuperam o mais rápido possível, para se livrarem dessa sensação. Não quero ver um atleta curvado, escondido sob o capuz em uma entrevista coletiva após o jogo; se você decepcionou, se foi horrível, se dói demais, admita, assuma e mostre confiança de que não acontecerá de novo. Quando você ainda está no meio da corrida, não deve haver diferença em seu comportamento até que a corrida termine.

Quando derrubam você, a confiança lhe dá paciência para ficar caído por um minuto, até que saiba como se levantar melhor do que antes. A maioria das pessoas pula de volta porque não quer parecer fraca e lesada, e, em seguida, é derrubada outra vez. Quando você está confiante em sua capacidade de recuperação, sabe que nunca mais ficará fraco ou lesado novamente.

Todos nós somos falhos. Pessoas confiantes não escondem suas falhas; elas riem delas, porque não se importam com o que você pensa. Essas falhas funcionam para elas. Não precisam funcionar para você.

A confiança permite que você ouça as vozes ao seu redor e em sua própria cabeça, sem responder ou reagir. Você pode ouvi-las sem escutar uma única palavra.

VENCER: A CORRIDA IMPLACÁVEL PELA EXCELÊNCIA

A confiança lhe dá a coragem de ficar à sombra daqueles mais poderosos do que você e ainda manter o próprio poder. Todos os meus clientes eram mais ricos e famosos do que eu e tinham o poder de encerrar nosso relacionamento a qualquer momento. Mas nunca deixei que isso influenciasse o modo como os treinei e como abordei o relacionamento que tínhamos, e nunca me esqueci por que estava ali: para entregar resultados que ninguém mais poderia dar a eles. Esse era o meu poder, e eu nunca o larguei.

A confiança é o seu bilhete para a liberdade, sua rota de fuga de tudo o que está te prendendo. Relacionamentos ruins, decisões ruins, situações ruins... as pessoas e as questões que se interpõem entre você e o que você deseja. Nunca deixe ninguém tirar isso de você; mesmo quando eles controlam a situação, não controlam *você*.

Em última análise, confiança significa correr riscos e nunca duvidar do resultado.

Você não ganha se não puder apostar em si mesmo, e não pode apostar se não acredita que pode ganhar.

O Vencer exige que você estabeleça metas irrealistas e espere alcançá-las. Isso não significa perseguir sonhos inalcançáveis; significa tomar decisões inteligentes, informadas e confiantes em relação àquilo que você é capaz de alcançar. Quando está tomando essas decisões e aproveitando os resultados, a vida parece muito curta; parece que nunca haverá tempo suficiente para aproveitar suas vitórias e criar outras novas.

Mas quando você está preso em um lugar, com medo de tentar algo novo e se sentindo aprisionado em uma vida que você realmente não quer, todo dia é interminável, e o arrependimento dura para sempre.

Arriscar é abraçar a escuridão do desconhecido. É enfrentar a realidade, o medo e a incerteza, porque, onde quer que você vá, você vai sozinho; cada passo nebuloso será incerto, instável, sem garantias. Mas à medida que você continua a dar esses passos, à medida que se aproxima do Vencer, pode ver a luz na escuridão e a realidade através da neblina, até que aquela aposta maluca comece a parecer uma possibilidade real. Mesmo quando você é o único que pode ver.

As pessoas dirão para "visualizar" a vitória, para se ver como um vencedor. Isso não é suficiente. O Vencer precisa que você veja, ouça, cheire, toque, experimente e use também o seu sexto e o sétimo sentidos, aqueles que só você conhece.

Esse risco é seu, de ninguém mais. Se você precisa estar motivado para dar esse salto, se você mantém uma lista de "vinte maneiras de permanecer positivo", se você está cercado por pessoas que vivem lhe dizendo para ir mais devagar e reviram os olhos toda vez que fala sobre seus próprios planos... você não chegará lá.

A maioria das pessoas tem tantos sonhos, ideias e habilidades aos quais se apegam, inseguras e incapazes de arriscar, até que seja tarde demais, e morrem deixando tudo sem ter sido feito e sem experiência.

Essas não são apostas aleatórias ou suposições imprudentes. São escolhas disciplinadas, sobre coisas que importam para você. São as decisões que você deve tomar se quiser *experimentar* sua vida, não apenas vivê-la. Você vale esse risco?

Se você achar que o custo é muito alto, espere até receber a conta por não ter feito nada.

Todos os dias, você aposta em inúmeras coisas. O que você come, onde você dirige, como você fala com as pessoas, em quem você confia. Tudo tem risco, tudo tem consequência. Você nem sempre sabe o resultado, mas o Vencer sabe, e está esperando que você o descubra.

1.

VENCER NÃO É INSENSÍVEL, MAS VOCÊ SERÁ MENOS SENSÍVEL

Qual a sua definição de um ótimo companheiro de equipe?

Ele apoia? É comprometido? Dedicado? Responsável? Que tal estes: é humilde? Disposto a desempenhar qualquer papel? Tem atitude positiva?

Essas são características excelentes. Absolutamente. Você precisa de companheiros de equipe assim.

Agora, aqui está uma visão um pouco diferente, de Kobe, em uma entrevista a respeito de como ser um companheiro de equipe:

"Se você vai perder tempo nessa luta, nesse treinamento, vou vencê-lo, vou avisar a você que te venci e vou querer que reconsidere sua escolha na vida profissional. E, na maioria das vezes, as pessoas dirão que isso não é papel de um bom companheiro de equipe. Bem, não estou aqui para ser um grande companheiro de equipe. Estou aqui para ajudá-lo a ganhar campeonatos."

Não é exatamente a mesma coisa, é?

Aqui está uma cena de *O Arremesso Final*, em que Michael fala sobre o mesmo assunto:

"Minha mentalidade era ir e vencer a qualquer custo", disse ele. "Se você não quer viver essa mentalidade disciplinada, então não precisa estar ao meu lado, porque vou azucriná-lo até que fique no mesmo nível que eu. E se não ficar no mesmo nível, então será um inferno para você."

"As pessoas tinham medo dele", disse o ex-companheiro de equipe de MJ, Jud Buechler. "Éramos companheiros de equipe e tínhamos medo dele. Era medo. O fator do medo com MJ era enorme."

O colega de equipe do *Bulls*, Will Perdue, acrescentou: "Não vou aliviar, ele era um idiota. Ele era folgado. Ele passou do limite várias vezes. Mas com o passar do tempo, você pensa no que estava realmente tentando fazer e pensa: 'Sim, ele era um ótimo companheiro de equipe'."

Difícil ignorar os seis campeonatos.

Não acho que seja uma grande surpresa para ninguém que Michael e Kobe foram duros com seus companheiros de equipe. Honestamente, seria uma grande surpresa se você estivesse lendo este livro e ainda não soubesse disso.

Onze anéis de campeão. Medalhas de ouro. MVPs. MJ ganhou seis vezes de seis nas finais; Kobe teve cinco de sete.

Pode me dizer: você conseguiria trabalhar com pessoas assim? Poderia se dedicar a alguém que só pode ser descrito como um "idiota"? Alguém que você temia e temia ver todos os dias, sabendo que o resultado provavelmente seria uma vitória?

Foi o que eu pensei.

Querer vencer não é o mesmo que saber vencer. Eles sabiam como vencer. Eles colocaram seus pensamentos à frente de suas emoções, à frente das emoções de todos, e conseguiram.

A mente deles era mais fortes do que seus sentimentos.

Se você quiser a fórmula real, ela se parece com isto: MENTE > SENTIMENTOS.

VENCER: A CORRIDA IMPLACÁVEL PELA EXCELÊNCIA

Sinta-se à vontade para usá-la em sua academia ou escritório, no quadro de avisos ou no teto do quarto, em qualquer lugar onde você ou sua equipe precisem de um lembrete.

Se você quer entender a mente de um campeão, precisa aceitar que está lidando com uma mente diferente de qualquer outra. Será difícil, intenso e obscuro, e até infernalmente intimidante, se você não estiver naquele nível. E você terá que deixar de lado os sentimentos que vêm junto, se quiser competir e alcançar um ótimo resultado final.

Se a mente fizer seu trabalho, os sentimentos certos estarão lá no final, quando você vencer. Do contrário, você acaba com sentimentos que ninguém quer.

A mente de um campeão pode controlar o máximo de situações possíveis e controlar o incontrolável pelo maior tempo possível. Pode ser apenas por uma fração de segundo, mas essa fração de segundo pode ser a diferença entre tudo e nada.

Quanto maior a pressão, mais você luta para permanecer no topo, e quanto mais se concentra nisso, menos permite que seu coração interfira em suas decisões e ações. Você não pode se dar ao luxo de ser de outra forma. Quando você está dando tudo o que tem, fazendo todos os sacrifícios e dedicando cada parte de sua vida ao Vencer, é difícil tolerar alguém em seu círculo que não esteja fazendo o mesmo. Não importa se eles podem ou não, sua frustração será a mesma.

Talvez possam entender como você se sente, mas provavelmente não o farão.

Quando você está dedicado de forma tão intensa ao que está trabalhando, tem que aceitar que os outros simplesmente não entenderão. Eles não veem o que você vê, porque nem podem imaginar o que você vê.

83

Você está criando tanta distância entre você e todos os outros, que eles finalmente param de tentar acompanhar e dizem a si mesmos e a todos que você é simplesmente difícil. Você está obcecado. Você é louco. Você está caminhando para o desastre.

Você é o problema.

Acredite em mim quando digo isto: você *não* é o problema. Você é a solução. Você já está resolvendo problemas que eles nem conseguem ver.

Eu estava prestando consultoria para uma empresa de tecnologia que decidiu abrir mão da melhor funcionária que tinham porque ela tinha a reputação de ser "difícil". Ela não se dava bem com ninguém, eles diziam; ela pressionava demais os outros e muitas vezes os deixava desconfortáveis, insistindo que todos precisavam fazer melhor. Algum dia talvez eu entenda por que isso é uma coisa ruim; sempre preferirei difícil e competente, em vez de fácil e incompetente. Mas havia problemas de ego e personalidade, provavelmente porque a pressão e a tensão eram grandes demais, e a gerência decidiu que seria melhor para os "ânimos" demiti-la, junto com sua enorme lista de clientes e anos de experiência.

E depois de alguns meses da partida, os ânimos e a produtividade ficaram piores, na verdade, porque os que tinham problemas com a pessoa de quem estou falando de repente se viram sem ter a quem culpar pelo péssimo desempenho que tinham, e ninguém para responsabilizá-los. Finalmente, o ex-chefe dela reparou que o "problema" estava segurando tudo no lugar. O "espinho" na mão de todos era a parte mais importante da rosa.

A rosa com espinho vive mais tempo que a rosa com os espinhos cortados.

Quando você deixa de colocar um valor alto na opinião dos outros a respeito de você, acaba se dando permissão para não se preocupar com ninharias, problemas e distrações que fascinam todos os outros. Faz de você mais duro e mais frio, e insensibiliza as emoções e sentimentos que os outros nutrem em relação a você.

No começo da carreira de MJ, os críticos diziam que era ele o culpado de o *Bulls* não vencer. Ele não passava a bola, tentava muitos arremessos, não confiava no "elenco de apoio", como chamava o resto do time. Isso foi antes dos seis campeonatos.

Kobe, eles diziam, era um jogador egoísta que não ajudava os companheiros de equipe e que não teria ganhado os três primeiros campeonatos sem Shaq ao lado. Ele acabou ganhando mais dois sem Shaq.

Ambos estavam perseguindo alguma coisa, e não permitiriam que nada nem ninguém ficasse no caminho. Enquanto os outros estavam tentando apagar incêndios, eles já estavam controlando o próprio inferno. *"Eu consigo. Deixe que eu faça o que eu faço."*

Os grandes vencedores são os menos sensíveis. E quanto mais vencem, menos sensíveis ficam. LeBron James é o grande exemplo disso; no começo da carreira, era muito mais incomodado pela mídia e por críticas do que é hoje. É assim que os grandes lidam com o ruído. Eles passaram por tudo, foram endurecidos pelas críticas e pelos revezes. Será que MJ teria levado o *Bulls* ao sexto e último título, sabendo de tudo que estava acontecendo nos bastidores, se ele permitisse que as emoções e sentimentos ficassem no meio do caminho? Não. Ele jogou. Dominou. Venceu.

Se ele foi um "idiota" durante o processo, pouco lhe importava.

Como Michael disse no documentário *O Arremesso Final*: o Vencer tem um preço. A liderança tem um preço.

Eu aprendi ao longo dos anos que, se você quer deixar as pessoas emotivas, deve falar das emoções delas. Eu fiz exatamente isso no meu livro *Implacável*, e deixei várias pessoas muito chateadas comigo. Eu estava falando sobre entrar na Área durante a competição e o desempenho, controlando o incontrolável, e escrevi: "As emoções o tornam fraco."

Não repetirei toda a discussão aqui; você poderá ler por si mesmo, mas meu ponto era: a Área trata de calma e de clareza. As emoções são o exato oposto.

É verdade. Quanto mais emocional você fica, mais tem que lidar com esses sentimentos, em vez de apenas se concentrar no que você está fazendo.

As pessoas não estavam felizes. Eu ouvi de pais que os filhos precisam ser capazes de mostrar emoções. Eu ouvi psicólogos que disseram que isso é o que há de errado com a sociedade, todo o mundo tem medo de demonstrar emoção. Ouvi treinadores dizerem que gostariam que suas equipes jogassem com emoção.

Pessoal, eu não sou contra a emoção. Não somos robôs. Eu quero que você ria e chore e seja feliz, fique triste e feliz novamente.

Só não tudo ao mesmo tempo, especialmente enquanto estiver tentando vencer.

Aos treinadores, acrescentarei o seguinte:

Pare de dizer aos seus times para jogarem com emoção. As emoções são voláteis, imprevisíveis e erráticas, especialmente quando várias delas estão borbulhando ao mesmo tempo. Você não quer que eles joguem com a emoção. Você quer que eles joguem com energia. Há uma enorme diferença.

Vá em frente e diga a um time que quer ver emoção. O que isso significa, exatamente, para cada indivíduo? Quais emoções quer ver? Você quer que eles riam? Chorem? Encolham-se e fiquem com medo? Quer ver alegria no meio do jogo enquanto está perdendo? Tristeza? Medo? Confusão? Dor? Vergonha? Você realmente quer algum desses em seu jogo? Todas as citadas são emoções. Nenhuma te ajudará a vencer.

Você quer energia. Foco. Intensidade. Você quer estar alerta, ser agressivo e forte. Essas não são emoções, são um estado de poder da própria mente. Você quer sua mente trancada, de forma que nem sequer sinta o nervoso e a pressão que vêm com a competição. Gritos de emoção não o fazem vencedor. Só tornam você barulhento e incômodo.

Não estou dizendo que não deva rir, se divertir ou ficar animado com um grande momento; vá em frente. Mas, ao menos por um momento, deve ser capaz de restabelecer a calma e a clareza, porque você não sabe o que o próximo momento trará.

E se você vai jogar com emoção — porque funciona para você e você tem os resultados para provar —, então certifique-se de que está jogando com *uma* emoção, firme e consistente. Tire os altos e baixos que são como os de uma montanha-russa. Você deve permanecer estável e focado, independentemente de como se sente. A sua mente deve permanecer mais forte do que seus sentimentos.

Depois de ganhar ou perder, haverá muito tempo para ficar emotivo com o que quer que tenha acontecido. Mas durante a competição, a única coisa que você deve sentir é controle total. É sua responsabilidade exigir isso de si mesmo.

Não é fácil, eu sei. Todos os dias, o Vencer faz o possível para mexer com sua mente e seus sentimentos, apenas para te desestabilizar.

Sua mente toma decisões. Os sentimentos perguntam: *"Sério? Tem certeza disso?"*

Sua mente diz para você ir à academia. Sentimentos dizem: *"Fique na cama. Um dia só não faz mal."*

Sua mente lida com a dor encontrando maneiras de fazê-la parar. Os sentimentos prosperam enquanto dói.

Sua mente neutraliza a decepção do fracasso com a consciência de que é possível tentar novamente. Os sentimentos se apegam ao arrependimento por tudo que você nunca tentou.

Sua mente lida com a pressão. Os sentimentos transformam a pressão em estresse e não lidam com nada disso.

Sua mente pode abandonar o passado, perdoar rancores e olhar para o futuro. Os sentimentos se apegam a todo tipo de pirraça, para sempre.

Fraqueza, preguiça, frustração, negatividade, ansiedade. Todas as manhãs, você decide se dá voz a essas coisas. Você as ouve? Ou você tem autocontrole para dizer: *"Não. Sem discussão. Calem-se, vocês não têm direito de falar hoje"*? Isso é autocontrole: decidir qual parte sua tem direito de falar. Alguns dias, a frustração pode ter algo a dizer. A fraqueza pode te dominar. Você pode ceder ao ciúme, à preguiça ou ao medo. Acontece. Todo o mundo tem deslizes, todos nós perdemos o controle em algum momento. Mas não todos os dias. Suas emoções pessoais não devem ter voz ativa todos os dias. Cale-as.

Ter controle sobre si mesmo é uma escolha. Perder o controle é uma escolha. Mas para desenvolver esse nível de controle, você deverá entender o que está ditando suas ações e seus pensamentos. É você? Ou é algo externo? Você está tão ocupado lutando contra todo o mundo, que nem percebe que sua maior batalha é consigo mesmo?

Autocontrole significa enfrentar as coisas que você não quer enfrentar, procurar respostas em si mesmo e não nos outros, saber que nem sempre estará feliz ou seguro. Significa resistir à celebração toda vez que algo de bom acontece, e não desmoronar toda vez que as coisas não saem ao seu modo. É saber como gerenciar os pontos baixos, os contratempos, e não se envolver em coisas que não deveria — as coisas que testam você.

O que acontece quando você se depara com uma situação que o desafia? Você tem sua primeira reação emocional — infelicidade, medo ou ansiedade, ou o que quer que esteja sentindo — e então obtém as inevitáveis ondas de emoção ao pensar, pensar e pensar sobre a coisa. Quanto mais você pensa, mais cria conflito adicional, drama, caos, até que esteja tão longe da situação original, que isso quase não importa mais, porque agora você tem todas essas novas emoções com que lidar.

Você nem sempre pode controlar o que acontece consigo, mas sempre pode controlar o modo como reage. Quando há loucura ao seu redor, quando todos estão em seus ouvidos lhe dizendo o que fazer, deve permanecer o maestro do que está acontecendo em sua cabeça. Cada voz que você ouve cria um sentimento diferente e uma emoção diferente, e cabe a você mantê-los todos na linha. Se reagir a tudo que alguém diz a você ou sobre você, sempre vai perder.

Você quer a fórmula para isso? Deixarei mais fácil:

- Controle seus pensamentos e controlará suas emoções.
- Controle suas emoções e controlará suas ações.
- Controle suas ações e controlará o resultado.

É isso. Seus pensamentos criam emoções. Suas emoções conduzem suas ações. Suas ações determinam o resultado.

Você deve saber quando desligar seu coração e ligar sua mente. Deve ser capaz de se perder e encontrar o caminho de volta. O Vencer quer ver sua passagem de volta, não uma viagem só de ida em um trem desgovernado em direção ao fracasso.

Se você está naquele ginásio com MJ, pode sentir a dor de suas palavras e usá-las para elevar seu desempenho, ou pode sentir a dor das palavras e desmoronar.

Quando tiram o controle de você, concentre-se nas coisas que pode controlar, em vez de naquelas que não pode. Essa foi a força motriz por trás da corrida final de MJ com o *Bulls*: "*O treinador não vai voltar, a equipe está se dividindo, você tirou nosso controle a respeito do que acontece logo depois. Não posso discutir com você sobre trazer o treinador de volta; você decidiu separar o time, tudo bem. Mas ainda controlo a forma como jogamos. Portanto, controlarei a única coisa que posso: o Vencer.*"

Você pode controlar se irá se superar. Você pode controlar se irá se esforçar mais. Você pode controlar se não reclamará. Você pode controlar se não dará a mínima. Você pode controlar se estará presente.

Durante a pandemia de Covid-19, eu quase perdia a cabeça toda vez que ouvia de um atleta que não tinha como treinar. Sua quadra está fechada, você não tem controle sobre isso, eu entendo. Você tem um porão? Um quintal? Um campo? Vamos controlar as coisas que podemos controlar.

O que você está disposto a controlar, o que permitirá que o controle?

Cada vez que MJ pisava na quadra, havia pelo menos um jogador do outro time determinado a irritá-lo, porque sabiam que, se conseguissem se livrar dele, se conseguissem fazê-lo perder o controle de suas emoções, dar um murro ou fazer algo para ser expulso do jogo, suas chances de vitória aumentariam. Reggie Miller, Danny Ainge, John Starks, Greg Anthony, Dennis Rodman, Danny Ferry, Xavier McDaniel... apenas alguns que deram o melhor de si e obtiveram a reação que procuravam. Não foi fácil de fazer — ele não teve uma única expulsão em toda sua carreira e só foi retirado de jogo onze vezes — mas estava de fato disposto a ir às vias de fato quando provocado. E então ele recuperava o controle no mesmo instante, porque não havia nenhuma maneira de ele permitir que uma explosão emocional afetasse o resultado do jogo.

A emoção mais comum que vejo em meus atletas e clientes de negócios é a raiva, porque eles são muito motivados e competitivos. Se esse é o seu combustível, se é isso que o incendeia e o lança na Área onde nada pode tocá-lo, então você deve usá-lo. Mas, como acontece com todos os explosivos, esse combustível vem com um aviso: "CUIDADO: NÃO USE SEM GRANDES HABILIDADES, INTELIGÊNCIA E EXPERIÊNCIA."

Atuar com raiva pode funcionar para você se (a) for sua resposta natural à competição e (b) se você souber como controlá-la. Caso contrário, você perderá o controle no calor do momento, sem a capacidade de controlar o que acontecerá.

Não é preciso controle para cerrar o punho. É preciso muito controle para abri-lo e ir embora.

Eu nunca fiz nenhum de meus atletas boxear como parte de seu treinamento, porque eu não queria que eles pensassem em dar golpes nas pessoas.

Um treinador que grita para sua equipe *"Joguem como doidos!"* está pedindo pela bagunça descontrolada, a menos que os atletas estejam acostumados a jogar dessa forma. Se eles não desenvolveram as habilidades mentais e o controle para lidar com esse tipo de motivação, é como dar a uma criança as chaves do Lamborghini. Não acabará bem.

Eu tenho minha própria escala para medir a raiva, porque cada raiva é diferente das outras. Você começa com calma e passa para irritado, nervoso, chateado, com raiva e, finalmente, enfurecido. A calma dá mais controle, a raiva tira todo o controle.

Quando você está irritado ou nervoso, pode não agir; você pode manter tudo dentro de si. No momento em que você está chateado, esses sentimentos estão começando a aparecer. A raiva leva você ao ponto de perder o controle, e se você chegou a ficar enfurecido, você o perdeu completamente.

Idealmente, você aprende como criar uma raiva controlada, quando pode ser calmo e agressivo ao mesmo tempo.

A maioria das pessoas vai direto para a raiva. E se você não consegue lidar com o ficar irritado, nervoso e chateado, a raiva queimará dentro de você e se transformará em fúria. Mas a raiva é insustentável: esse tipo de energia e emoção intensa queima rápido e se apaga mais rápido ainda. Se não obteve seus resultados naqueles primeiros momentos, acabou para você. Você perdeu sua vantagem. Você tem uma grande explosão, seu tanque esvazia, seu combustível acabou, e você olha em volta pensando: *"Espere um minuto, onde eu estava?"*

Se você não pode controlar um carro comum a 50 quilômetros por hora, como controlará um carro esportivo de alta performance a 250 quilômetros por hora?

Os grandes sabem como dirigir esse automóvel. Eles podem reduzir a marcha e pisar nos freios com a mesma facilidade com que pisam no acelerador; eles têm a habilidade e a experiência para lidar com esse tipo de velocidade. Você pode nem mesmo ser capaz de ver o que estão sentindo, ao menos superficialmente. Dwyane Wade jogava um de seus melhores jogos de basquete quando estava com raiva, e isso nunca transparecia. Qualquer pessoa pode ver sangue, poucos podem sentir o cheiro. Wade podia, e isso o levou mais longe. Mas mantinha tudo dentro dele e usava como combustível.

A maioria das pessoas não pode fazer isso, estejam elas competindo em esportes, negócios ou em qualquer outra coisa. Elas têm aquele momento imprudente de emoção descontrolada e percebem, uma fração de segundo tarde demais, que não podem recuperá-la.

Os palestrantes e treinadores motivacionais constantemente lhe dizem *"Vai, vai, vai. Vamos! Levanta e anda! É hora de ir!"* Ok, mas para que porra de lugar estamos indo? Como eu disse antes, ninguém ensina a parar. Parar permite que você aprenda, adapte-se, tenha foco, calcule, crie estratégias. Isso coloca sua mente de volta no controle de seus sentimentos. Todo o mundo diz para você fazer mais. Porém, mais nem sempre é melhor. Às vezes é apenas mais daquilo que você não quer de fato.

Kobe deu o seu melhor quando eu consegui fazê-lo parar. Você precisa malhar menos e dormir mais, eu disse a ele. Muitas pessoas ao redor de Kobe o temiam e não queriam abordar esse problema, mas era essencial para mantê-lo atuando no mais alto nível. Todos o viam como um cara do treino implacável, e ele era. Mas quando fomos capazes de reduzir uma parte disso, controlar, foi quando ele realmente começou a se destacar em um nível ainda mais alto.

Muitas pessoas pensavam em Kobe como um "maníaco por controle". Discordo. Para mim, isso significa que você está tentando controlar coisas que não deveria, em vez de permitir que outros com maior destreza e habilidade façam o que sabem fazer melhor. Kobe sabia quando precisava de ajuda e não tinha problema em pedir. Ele me contratou e trouxe muitos outros profissionais importantes também. Mas eu entendo por que as pessoas pensavam dessa maneira a respeito dele; quando se está no comando, quando se precisa permanecer no comando, é difícil abandonar essa mentalidade.

Se você se considera um "maníaco por controle" em seu trabalho ou vida pessoal, recomendo que analise com atenção se isso é uma coisa boa. Na maioria dos casos, não é. Pessoas que exigem controle total — e ficam ansiosas e com raiva quando não podem tê-lo — geralmente acabam enganando a si mesmas e a todos ao seu redor.

Quando se trata de trabalhar com meus clientes, não quero um atleta, ou o pai dele ou um agente me dizendo quais exercícios devemos fazer. Se eu ouvir suas "sugestões", teremos poucas chances de sucesso. Deixe-me fazer o que eu faço, é por isso que você me trouxe. Ao mesmo tempo, sei quando ceder o controle para aqueles que podem fazer as coisas melhor. Eu fazia de tudo pelos meus atletas: fisioterapia, massagem, drible, treinamento, nutrição... qualquer coisa que precisassem. Mas em algum momento, fiquei mais esperto e percebi que havia profissionais mais especializados em algumas dessas áreas. Melhor para o cliente, melhor para todos nós.

O Vencer quer assumir o seu controle. Ele quer deixá-lo emotivo e louco e tão animado, que você não conseguirá pensar direito, para poder tirá-lo da corrida mais rápido.

Mas se você quiser permanecer nessa corrida, se quiser manter seu combustível interno queimando em alto nível, tem que manter o controle de si mesmo. Não se trata de talento — é possível ter um talento tremendo e não ter autocontrole. Trata-se de como manter seus motores mentais frios, não importa o quão quente as coisas fiquem ao seu redor.

1.

VENCER PERTENCE AOS OUTROS, E É SUA FUNÇÃO TOMÁ-LO

Em 1993, Michael Jordan concordou em dar uma entrevista para Connie Chung, e ela perguntou se MJ tinha um problema com apostas.

"Não", disse ele rindo. "Eu posso parar de apostar. Eu tenho um vício em competição, um problema com competitividade..."

Nenhuma das pessoas que já o conheceram discordaria disso.

Fiquei sabendo disso no dia em que ele me contratou. Ele foi meu primeiro cliente profissional; eu estava trabalhando como treinador em uma academia de ginástica, fazendo US$3,35 por hora com um mestrado, e decidi enviar cartas a todos os jogadores do *Bulls* oferecendo meus serviços. Todos os jogadores, exceto Michael Jordan, porque achei que ele seria o último a querer contratar um treinador. E, claro, ele era o único que queria contratar um treinador. Ele era o melhor jogador da liga, mas ainda não havia chegado às finais e percebeu que não poderia suportar fisicamente os jogadores maiores e mais fortes que o perseguiam na quadra. Queria competir em um nível ainda mais alto e estava disposto a fazer o trabalho mais extremo para que isso acontecesse. Ele viu minha carta no armário de outro jogador e pediu ao médico do time que ligasse para mim.

Após três meses de entrevistas com o médico e treinador esportivo-chefe do *Bulls*, recebi um endereço e me disseram para aparecer no dia seguinte. Não fui informado sobre o jogador que havia pedido para me encontrar, e eu estava tão grato pela oportunidade, que não queria estragar fazendo perguntas. Mas havia enviado quatorze cartas e tinha quatorze planos diferentes traçados para todos os jogadores possíveis.

Eu chego na casa, toco a campainha... e Michael Jordan abre a porta. O único jogador que nunca planejei ver.

Ele estava com o equipamento completo da Nike. Ele olha para os meus pés. Eram tênis *All Star*. Ele os encara e balança a cabeça.

Então eu tiro os tênis — me perguntando se talvez eu devesse me oferecer para queimá-los — e percebo que há um buraco na minha meia. Eu calcei os tênis de volta. Ele está apenas observando. Não diz nada.

Nós nos encontramos por uma hora, expliquei o que poderia fazer, e ele disse: "Isso não parece certo."

Eu respondi: "Não tem como ser mais certo que isso."

Ele concordou em me dar trinta dias e me disse para pegar qualquer equipamento de que precisássemos, porque trabalharíamos na casa dele. Comecei a calcular mentalmente quanto tempo levaria para localizar os pesos e as máquinas corretos, fazer com que fossem encomendados, despachados e instalados. Lembre-se, isso foi em 1989, antes das compras online; era necessário ir fisicamente às lojas para comprar o equipamento, ou fazer o pedido de um catálogo. Na melhor das hipóteses, levaria uma semana, talvez mais.

Eu perguntei quando ele planejava começar. "Amanhã", disse ele, encerrando a reunião.

Quando saí, ele deu uma última no meu *All Star*. "Nunca mais", disse ele, e fechou a porta.

A partir daquele momento, tudo que fiz foi para nos tornar melhores a cada dia. Seu corpo, seu jogo, minhas habilidades e meus conhecimentos. Meus tênis. A competição nunca terminava, fosse você do outro time, fossem outros jogadores, fossem outras empresas de calçados. Para mim, foi uma competição instantânea para ver o quão rápido poderia montar a academia — sim, estávamos prontos no dia seguinte — e como eu poderia entregar esses resultados nos próximos trinta dias. Eu os entreguei, e aqueles trinta dias se transformaram em quinze anos.

Manter-se atualizado era essencial se você fazia parte do círculo de MJ. Não precisava apenas acompanhar a mentalidade e a motivação dele; ele esperava que você acompanhasse seus conhecimentos, suas habilidades, seu ritmo e seu desejo de vencer. Isso era inegociável. A primeira vez que viajei com ele, foi durante o período fora da temporada, e ele estava levando toda a sua equipe pessoal: tinha seu segurança, seus conselheiros, alguns amigos próximos e, claro, seu treinador. Ele nos disse para nos encontrarmos na casa dele, e de lá iríamos para o aeroporto, dirigindo nossos próprios carros.

MJ pula em um de seus carrões — acho que era uma Ferrari — e diz a todos: "É melhor vocês acompanharem."

Estou na Sterling 1987 de meu pai. Não é o carro mais rápido já feito, mas de alguma forma consigo parar ao mesmo tempo que ele; não havia como ficar para trás. Eu dirigi no acostamento, entrei e saí das rampas de acesso... qualquer coisa que pudesse fazer para mantê-lo sob minha vista. Eu não recomendo isso, estou apenas contando o que aconteceu. Todos os outros estavam cinco minutos atrasados. E, claro, ele os deixou saber disso.

Quando reclamaram que ninguém poderia acompanhá-lo na estrada, ele apontou para mim e disse: "Timmy acompanhou."

Nota para os leitores: nunca me chame de Timmy. Ninguém mais pode fazer isso.

Acompanhar. Essa era a diretriz para todos ao redor dele, em tudo o que fazia. Ele nunca precisou dizer isso, mas todos nós sabíamos: *"Não cedemos, não usamos atalhos, não inventamos desculpas. Acompanhe a mim e meus padrões, ou você está fora."*

Eu poderia contar centenas de histórias sobre sua natureza competitiva, seu desejo implacável de vencer em tudo. Você pode encontrar milhares de vídeos, livros e escritores que contarão o que testemunharam ao longo dos anos enquanto ele buscava a vitória em tudo.

Mas este é um de meus exemplos favoritos, provavelmente porque ninguém mais sabe disso.

Durante a era Jordan/*Bulls*, meu ginásio em Chicago ficava lotado todo verão com dezenas de competidores de elite que vinham de todo o mundo para uma coisa: nossos lendários jogos informais. Tivemos dezenas de *NBA All-Stars* e futuros *All-Stars*, novatos e árbitros da *NBA*, jogando em todas as quatro quadras. Eles trabalhariam conosco, fariam algum exercício e treinamento e tudo o mais que precisassem. Mas a principal atração era a oportunidade de entrar em quadra com MJ.

Em um dia muito quente e úmido, estávamos com um cara novo que estava se esforçando ao máximo para impressionar a todos, em especial a Michael. Ele fica um pouco superaquecido e desmaia no meio de um jogo. Aparentemente, havia tomado cinco *Red Bulls* e agora estava convulsionando. Lá estava ele espumando pela boca, suando em bicas, e eu não conseguia encontrar o pulso.

Ligamos para a emergência, esvaziamos a quadra, e eu estava fazendo os primeiros socorros enquanto esperávamos por uma ambulância.

E enquanto estou bombeando o peito desse cara e me certificando de que ele não morra no meu chão, sinto alguém de pé ao meu lado, observando o que está acontecendo.

MJ.

"Acho que ele está tendo um ataque cardíaco", digo a ele.

"É mesmo", ele diz.

Naquele momento, o cara abre os olhos, senta-se devagar, olha em volta e vê Michael Jordan parado diante dele.

Ele está envergonhado, mas pelo menos está respirando. Michael olha para baixo e diz: "Ele está bem?"

"Ele está vivo", eu digo.

"Você está bem?", Michael pergunta a ele.

O garoto olha para cima e sorri fracamente, um pouco grogue, mas diz: "Sim, senhor, estou bem."

"Bom", diz MJ. "Consiga um substituto", ele me diz. "Tenho um jogo para vencer."

Esse é um vício em competição.

Mas se você vai ser o melhor de todos os tempos, em qualquer coisa que fizer, é razoável — e essencial — ser também o mais competitivo.

Sem perdão, sem desculpas. Se isso parece uma coisa extrema demais, você está correto. Resultados extremos requerem competição extrema.

Porque, quando outra pessoa tem o que você quer, você precisa ir buscar.

Se você se considera uma pessoa bastante competitiva, se nunca desliga e nunca desacelera, se os outros dizem que você é louco e obcecado e passa do ponto... eu desafio você a aceitar isso. Eu o desafio a continuar competindo com a mesma confiança e comprometimento que o trouxe até aqui. Quando os outros falam de sua competitividade como se fosse uma coisa ruim, lembre-se de que eles não podem se identificar com o que você sente, porque eles nunca sentiram isso. Eles é que estão perdendo com isso, não você.

Você pode controlar esses impulsos competitivos. Mas por que você deveria?

O Vencer não deve nenhuma lealdade a você. Não importa quanto tempo você lutou para se tornar um vencedor, leva uma fração de segundo para se tornar um perdedor. Eu sei que é uma realidade dura para muitas pessoas. Elas se esforçam tanto para chegar a algum lugar, e, num instante, tudo acaba. Elas desistiram ou, mais provavelmente... alguém chegou lá antes delas.

Essas são as pessoas que ganharam algo — uma vez — e nunca ganharam nada novamente, porque estavam tão contentes e impressionadas com sua única grande vitória, que pararam de competir por qualquer outra coisa. Elas ainda falam sobre o campeonato de futebol americano do colégio ou sobre o carro que ganharam no concurso de vendas há sete anos. Desde então? Nada. Continuam falando do passado.

Há também os "vencedores" que, no fim, alcançaram seus objetivos, conseguiram um casarão, quatro carros, férias espetaculares... e pensaram que duraria para sempre. Não dura.

VENCER: A CORRIDA IMPLACÁVEL PELA EXCELÊNCIA

Outra pessoa viu o que eles fizeram e fez melhor. O Vencer adora ver alguém matar seu sonho.

Você teve um ótimo mês? Bom para você. Vejo você em trinta dias. Alguém estará lá para vencer. Pode não ser você.

E também há quem adore competir por qualquer coisa, a qualquer hora, mas sem foco ou objetivo real. Eles adoram a busca, mas não investem tempo ou habilidades para conquistar o que estão buscando. Então eles vão atrás de tudo e nunca de fato avançam em nada. Mas eles são "competitivos".

Anote o seguinte: ser competitivo e ser um vencedor não são a mesma coisa.

Mesmo no nível mais alto, você é um campeão até que outra pessoa conquiste esse título... e quase sempre alguém consegue. Você não pode mantê-lo. Você pode ficar com a memória, uma lembrança material, algumas outras lembranças..., mas você só pode ser um vencedor quando está vencendo. Assim que você perde, você devolve tudo. O Vencer dá seu lugar para outra pessoa.

Então, se importa para você, você tem que lutar com sangue nos olhos para manter, e nunca, jamais, considerar supérfluo um minuto que seja.

Os grandes concorrentes apreciam os troféus, as placas e os anéis, mas esses não são os souvenirs de que mais se lembram. Eles são mais propensos a se lembrar do couro cabeludo ensanguentado de seus oponentes, das decisões tomadas na solidão, dos relacionamentos prejudicados e documentos de divórcio, das notas fiscais de três centenas de noites por ano na estrada e das mensagens telefônicas nunca respondidas. Os anéis são lindos. A guerra foi horrível.

Quando você é competitivo, sabe que ganhou aquele anel, mas não é o suficiente. Você pode conseguir outro? E outro?

Tom Brady, respondendo qual de seus sete anéis do Super Bowl é o favorito: "O próximo."

Kobe também era assim. Como eu disse, ainda que seu *Lakers* tenha ganhado três títulos consecutivos — em 2000, 2001 e 2002 —, ao ser um time que incluía o futuro membro do Hall da Fama, Shaquille O'Neal, tudo o que Kobe conseguiu ouvir foi "Sim, mas ele tinha Shaq". A voz mais alta estava em sua própria cabeça. Posso fazer isso sem Shaq? Ele tinha que saber; tinha que ter mais. É assim que os grandes concorrentes chegam ao próximo nível: olham para o que realizaram e não podem descansar até que tenham feito ainda melhor.

Oito anos mais tarde, depois de ganhar seu quarto e quinto anéis (ambos sem Shaq), Kobe foi questionado, na coletiva de imprensa pós-jogo, sobre o que aquele anel significava para ele. Ele não falou sobre seu legado, ou seu lugar na história, ou o trabalho árduo que foi necessário para ganhar aqueles anéis. Com suas duas filhas no colo, ele sorriu e disse: "Acabei de receber um a mais do que Shaq", disse ele. "E com certeza isso você pode escrever." Em seguida, ele fez uma pausa e acrescentou: "Você sabe como eu sou, não me esqueço de nada."

Se isso te toca de algum modo, eu acho que já competiu e venceu; e você conhece aquela sensação maravilhosa de derrotar um rival, um competidor, um colega, um amigo... você mesmo. Você sabe o que é ultrapassar alguém e continuar como se ele nem estivesse lá. Você não olha para trás, para o que deixou para trás. Tudo o que você pode ver é o Vencer, parecendo se divertir e acenando em sinal de aprovação.

Mas se você ainda não passou por isso, se sente que não é competitivo o suficiente, se teme que algo esteja faltando, se não estiver vendo resultados... você precisa ouvir isso: a capacidade de competir está em todos nós.

VENCER: A CORRIDA IMPLACÁVEL PELA EXCELÊNCIA

Você compete por algo a cada minuto do dia, com cada decisão que toma. No nível básico, você compete com os obstáculos diários: *"Devo ir para a academia? Devo recusar este donut? Posso sair de casa a tempo? Terminarei meu trabalho hoje?"*

É aí que tudo começa; se você não consegue vencer nessas coisas, não deve tentar vencer em qualquer outra coisa. Se você está tentando parar de beber, mas todo fim de semana ainda sai para beber, você é derrotado todo fim de semana. As decisões certas levam para o próximo nível, mais perto do Vencer. As decisões erradas o mantêm exatamente onde está.

Quando consegue essas pequenas vitórias, pode começar a competir por mais: *"Preciso aumentar a intensidade do meu treino. Eu quero perder quinze quilos. Chegarei ao escritório mais cedo para fazer mais. Entregarei mais do que me pediram."*

Todos os dias, você precisa competir em um nível mais alto do que no dia anterior. Pequenas decisões. Pequenas mudanças. Novos desafios. Ambições maiores. Você não ganhará US$1 milhão, construirá seu império ou ganhará um campeonato em um dia. Você competirá por isso todos os dias, por infinitos dias. É assim que se tornará não apenas um competidor, mas um verdadeiro competidor: ficará melhor a cada dia por um longo tempo. Não por acidente, mas intencionalmente.

E você se cerca de pessoas que fazem o mesmo. Não estou falando sobre seus "bons amigos" ou os líderes de torcida que dão um *"Uhul!"* e mandam um *"tamo junto"* no fim das mensagens. Estou falando de aliados sólidos com os quais você sempre pode contar. Os amigos dirão o que você deseja ouvir. Aliados dizem o que você precisa ouvir. Aliados se elevam para elevar todos os outros. Eles não precisam ser seus amigos — cacete, nem precisam gostar de você! —, mas compartilhar sua visão, seus objetivos e sua sede pelo resultado. Esses são os parceiros verdadeiros, leais até o fim, que nunca perguntam por que ou quanto; já sabem tudo isso e vão até levar uma bala pela causa. Nem precisa perguntar "Como foi seu fim de semana?", porque sabe que eles gastaram da mesma maneira que você: descobrindo maneiras de melhorar.

Foi assim que Dwight Howard, sem querer, permitiu que Kobe e Shaq reconstruíssem seu relacionamento: só depois que Kobe jogou ao lado de Dwight é que ele realmente apreciou Shaq como companheiro de equipe, aliado e competidor.

Quando você entrega excelência, nunca precisa falar disso. Os aliados não dão desculpas e não dão ouvidos às suas. Não é suficiente parar e dizer: "Bem, trabalhamos tanto. Demos o nosso melhor". O Vencer não quer que você diga nada, apenas mostre os resultados.

Grandes concorrentes se comunicam com o mínimo de palavras possível. Uma olhadela. Uma expressão facial. Eles não reagem ao oba-oba ou à torcida. Eu não sei você, mas estou cansado de todos os gurus do treinamento motivacional que falam para as pessoas como se fossem umas simplórias: *"Você tem que querer! Vá à luta! É a sua vez! Supere a competição! Fique acordado até tarde! Levante cedo! Lute! Agarre! Ganhe!"*

Você não sabia dessas coisas?

Se alguém está dizendo as coisas nesse nível, é porque não acham que você vai entender uma conversa franca tratando do que a competição realmente é. Pode ser que eles mesmos não saibam. Não se trata de pular para todos os lados, gritar ou "ficar animado". Isso é besteira de quinta categoria. Funciona só por um momento.

Já ouvi treinadores do mais alto nível profissional falarem com seus jogadores como se ainda estivessem no ensino fundamental. "Jogue pelo nome na frente da camisa, não nas costas! Entregue-se em campo! Precisamos jogar todos os sessenta minutos!" Você escuta essas coisas desde o tempo em que ia andar de bicicleta no parque da vizinhança. Se você é um atleta profissional — mesmo se ainda estiver na faculdade —, não deveria ter que ouvir isso novamente.

Se alguma vez eu falasse com qualquer um de meus clientes dessa maneira, eles ririam da minha cara e, em seguida, me botariam para fora da academia.

Como já discutimos, competição não é ser barulhento, violento e animado. Você pode ser a pessoa mais doce e mais gentil do mundo e, ainda assim, ser competitivo em todos os sentidos. Trata-se de um desejo silencioso. Fome. Adrenalina. Dor. Fadiga. Inveja. Pressão. Muita pressão.

Todos nós sabemos o que é ser atingido por uma onda de inveja ao ver alguém vivendo o sonho que sonhamos, curtindo o que desejamos. Algumas pessoas dizem que isso as torna mais competitivas, ver outra pessoa alcançar os objetivos que estabeleceram para si. Se isso funcionar para você, deixa rolar. Mas a raiva e o ciúme são emoções mesquinhas. Você tem que convertê-los em ação para criar resultados.

Perdemos tanto tempo falando do modo como vamos vencer que esquecemos a coisa mais importante: vencer de verdade. Há uma grande diferença entre pendurar *slogans* motivacionais na parede e realmente fazer o que esses *slogans* dizem.

Você pode "querer" e "superar" a todos. Mas, a menos que possa lidar com os obstáculos, barreiras e contratempos, a menos que tenha um plano para dominar o resultado final, você ainda ficará só no querer por muito, muito, tempo.

A competição não trata só de mandar muito bem, trata-se de mandar bem demais indo atrás de resultados. Isto é, fazer um trabalho que realmente funcione. Todo o mundo fala de mandar bem, humilhar, quebrar tudo. Bem, você pode fazer tudo isso, e o que resta no final? Pó. Tudo isso é deformador, acaba por destruir as coisas. Excelência tem a ver com esculpir, criar algo magnífico que não existia antes, alterando artisticamente sua aparência e forma. Ao esculpir, você remove, de modo estratégico, as partes de que não precisa, os elementos que atrapalham. É o equivalente a não apenas trabalhar duro, mas trabalhar de maneira inteligente.

O que você está criando, qual é a forma que quer que tenha?

Somos todos programados para vencer. É parte da sobrevivência básica. Pegue a mamadeira ou a chupeta de um bebê. Vença uma criança em uma corrida ou jogo de tabuleiro. Dê algo para uma criança, e não para o irmão dela. Muito poucos simplesmente olharão para o outro lado; queremos o que queremos e vamos lutar com o que temos para consegui-lo. Você pode ver isso nas crianças: qual é a primeira coisa que elas fazem quando não ganham? Eles jogam na sua cabeça o que tiverem em mãos. Acertam você com um taco de hóquei. Uma explosão de birra. Ninguém gosta de perder. Parece algo antinatural. Vencer é bom. Parece um direito. Como se você merecesse. Você é capaz disso.

Sempre ouço pais que perguntam como tornar seus filhos mais competitivos. Eles estão preocupados porque o filho de 5 anos não quer jogar beisebol ou perseguir as outras crianças no parquinho, e acham que isso se traduzirá em uma vida inteira de passividade e fracasso. Eles querem ensinar seus filhos a "querer".

Alguns desses pais são ultracompetitivos e não conseguem entender por que seus filhos não são também. Eles alcançaram um nível tão alto, que não podem aceitar que seus próprios filhos não tenham a mesma chama e obsessão.

Outros são pais que nunca ganharam nada e querem uma segunda chance por meio de seus filhos. Eles não podem vencer por conta própria, então eles pressionam as crianças a realizar sonhos que eles mesmos nunca alcançaram. Eles investirão tudo o que têm no esporte ou na atividade de seus filhos, na esperança de que eles sejam bons o suficiente para conseguir uma bolsa de estudos para a faculdade... seja esse o sonho da criança ou não. Todos esses pais desejam desesperadamente saber: como você "ensina" competitividade?

Você não ensina. Você pode inspirar, dar o exemplo, pode falar das expectativas. Mas você não pode ensinar alguém a querer algo. Vencer tem tudo a ver com si mesmo. Você não pode competir — você não pode sentir esse desejo, esse foco e essa verdadeira vontade — por algo que de fato nem quer. E nem pode querer isso para outra pessoa. É a mesma sensação falsa de "motivação" que discutimos anteriormente, a adrenalina alta. Você pode dizer a alguém "Vamos lá!" repetidamente; mas, se não souberem para onde você está indo, a viagem será perdida. Essas crianças podem não querer o que você as está forçando a buscar, pressionando-as o tempo todo, tentando deixá-las "animadas".

Mas veja o que acontece quando elas perdem algo que realmente desejam. Elas sentirão raiva. Vale para as crianças, vale para seus companheiros de equipe ou o pessoal do trabalho. O desejo de competir só é páreo para o desejo pelo resultado final.

Quando você perde o ímpeto de lutar por algo — ou se nem sequer o teve —, é porque realmente não se importa com o resultado da luta. Talvez você esteja fazendo isso por outra pessoa ou talvez queira tantas coisas diferentes, que não consegue se concentrar em apenas uma. Mas quando você encontrar aquilo pelo qual realmente deseja competir, lutará com tudo o que tem para ter, proteger e manter essa coisa. A competição mostra o que você realmente deseja. Ela responde aos seus desejos, suas emoções, seu desejo instintivo, tanto que você irá do céu ao inferno para obter o que deseja. Você nem precisa pensar a respeito, você apenas sabe: *Isso é meu.*

A realidade da competição é esta: para alcançar o mais alto nível, você tem que almejar o resultado final de modo tão completo, que nada mais importará. E você tem que ansiar por si mesmo, não por mais ninguém. Você não pode perder peso para mais ninguém, não pode construir um negócio para mais ninguém, não pode ganhar um campeonato para mais ninguém. Se isso não é uma chama dentro de você, então você não terá sucesso. Se seu negócio está estagnado, se seus resultados são fracos, se você não está crescendo em direção a seus objetivos e ao seu potencial, pode haver um motivo que não seja o que você pensa que é.

Porque, quando você encontrar aquele desafio pelo qual realmente deseja competir, nada e nem ninguém será capaz de impedi-lo.

1.
VENCER QUER TUDO DE VOCÊ; NÃO HÁ EQUILÍBRIO

Quando minha filha tinha cerca de 5 anos, estava me observando fazer as malas para uma longa viagem e perguntou: "Papai, por que você tem que viajar tanto?"

"É assim que cuido da nossa família", disse a ela. "Eu viajo a trabalho para poder cuidar de você e da mamãe e colocar comida na mesa."

Ela ficou quieta por um momento, e então disse as palavras que me doeram mais do que qualquer coisa que já me foi dita:

"Se eu comer menos, você pode ficar mais em casa?"

Tive que desviar o olhar para que ela não visse seu pai chorando.

Levei quase treze anos antes de conseguir contar essa história sem me emocionar, e mesmo enquanto escrevo isto... bem, ainda é difícil.

Suponho que, em um filme, o pai teria uma espécie de epifania e decidiria nunca mais viajar. Nunca perderia uma peça da escola ou um jogo de vôlei, nunca teria que ligar do outro lado do mundo para dizer "Feliz aniversário!" para sua filhinha.

Eu continuei fazendo as malas.

TIM S. GROVER

Claro, eu a abracei e disse que voltaria em breve, e falamos das grandes coisas que faríamos quando eu voltasse. E nós fizemos todas.

Mas, naquele dia, continuei fazendo as malas.

Como você explica para uma criança de 5 anos, ou para qualquer outra pessoa, que eles são a coisa mais importante na sua vida mas, por enquanto, essa outra coisa aqui é tudo em que você consegue pensar?

Se você nunca sentiu aquela sensação doentia de decepcionar alguém porque está consumido por seus próprios objetivos, nunca experimentou a embriaguez do Vencer.

O Vencer quer tudo de você. Não reconhece amor ou sentimento, não se importa com suas outras responsabilidades e compromissos. Exige obsessão, ou encontrará outra pessoa para ser consumida por ele.

Para mim, essa obsessão é meu compromisso com meus clientes. Estar lá quando eles precisam de mim, e mesmo quando não sabem que precisam de mim. Fazendo perguntas que ninguém mais fará. Trabalhando tanto quanto eles, e às vezes ainda mais. E na minha linha de trabalho, isso significa estar onde eles estão, em qualquer lugar do mundo. Significa estudar tudo que eles fazem, como se movem, como se sentem. Significa observar como dá para ser 0,0001% melhor.

Significa ter que, às vezes, desapontar uma criança de 5 anos.

Dói-me escrever isso, mas estamos prestes a falar dos sacrifícios e das escolhas que fazemos quando buscamos nossos objetivos, e eu estaria mentindo se dissesse que é fácil. Não é.

Não tenho nenhum problema em admitir que meu trabalho consome a maior parte de meu tempo, meu foco e minha energia mental. Esse é quem eu sou. Isso me permite vencer e ajuda meus clientes a vencerem também. Depende de você determinar o quanto está disposto a renunciar para correr atrás do que está buscando.

Sua obsessão pode ser o seu negócio. Ou seu esporte. Ou seu talento. Talvez você esteja focado em perder peso ou malhar seu corpo, ou completar sua educação, ou administrar sua família. O que quer que você esteja tentando realizar, sabe que não pode fazer sem foco preciso e compromisso total com o resultado.

Existe um preço a pagar por isso? Sim, sem a menor dúvida.

Quando está correndo para alcançar algo que requer todo seu tempo, todo seu foco, todo seu coração... é extremamente difícil criar um espaço significativo para qualquer outra coisa. Você não consegue equilíbrio em todas as áreas de sua vida.

Sei que esse assunto incomoda muita gente, porque muito poucos estão dispostos a admitir esse grau de obsessão. Eles se sentem egoístas. Negligentes. Culpados pelas próprias escolhas. Eles começam a questionar as prioridades. Mas quanto mais você esconde, quanto mais você finge que pode lidar com tudo e "ter tudo", menos chance você tem de ter qualquer coisa.

Sempre que trago isso à tona, especialmente durante um discurso ao vivo para um grande grupo, duas ou três pessoas vêm até mim depois — em particular, nunca durante a sessão de perguntas e respostas — para contar a mim a respeito da falta de equilíbrio em suas vidas, como se fosse um segredo impuro. Eles não querem que ninguém saiba que estão negligenciando suas famílias, sua saúde ou outros compromissos. Eles sabem o que os outros estão dizendo pelas suas costas e na sua cara: *"Lembra-se de mim? Tudo que você faz é trabalhar. É exagerado! Você não tem tempo para nada! Você precisa desacelerar! Nós nunca te vemos. Quando isso vai acabar?"*

Você deve malhar, mas não ser "obcecado". Você deve trabalhar, mas não ser um *workaholic*. Você deve fazer tudo o que os outros querem que você faça, mas ainda ter "equilíbrio".

A sua voz interior pode ser igualmente áspera: *"Preciso de mais tempo para a família. Eu preciso malhar. Eu preciso perder peso. Eu preciso de férias. Tenho uma lista de duzentas tarefas. Sempre disse a mim mesmo que escreveria um livro. Isso tudo vale a pena?"*

Ouvir todas essas vozes é como seguir o *Google Maps*, o *Waze* e o *MapQuest* ao mesmo tempo. Todo mundo está lhe dando direções diferentes, com horários de chegada diferentes. Fato: se você está tentando chegar a todos esses destinos de uma vez, não chegará a nenhum deles.

Em vez de se sentir focado, você se sente em pânico, no caos, fora de controle e tão oprimido, que não consegue realizar nada. Você fica tentando colocar energia em tudo e se sente um fracasso total, porque não pode fazer tudo, pelo menos não com sucesso. Sente-se distraído e raivoso e culpa todos os outros por exigirem tanto de você e tornarem tudo tão difícil. Parece que há algum inimigo invisível segurando você e colocando obstáculos permanentes em seu caminho.

Não há inimigo invisível. Esse inimigo é você.

É como se você estivesse preso em algum lugar, sobrecarregado com todas as responsabilidades e compromissos que vem acumulando. Você quer preencher esse lugar com suas realizações e sucesso, e, em vez disso, é uma confusão de promessas descumpridas. Você planeja limpar tudo, voltar ao controle, mas o caos é tão opressor, que você nem consegue encontrar a saída.

E em vez de ter sucesso em algo que poderia fazer grande diferença, o que poderia torná-lo um vencedor e permitir que você levasse todos os outros com você – dar-lhe liberdade

VENCER: A CORRIDA IMPLACÁVEL PELA EXCELÊNCIA

financeira e, finalmente, criar mais tempo para tudo –, você olha para o Vencer, dando de ombros, pesaroso e dizendo: "Não posso fazer isso. Estou muito ocupado."

Tempo para tudo é igual a tempo para nada. E ganhando nada.

Vencer requer todo o seu tempo e atenção; precisa ser a única coisa em sua mente 24 horas por dia, 7 dias por semana. De forma relutante, pode permitir que você gaste algum tempo em outras coisas, desde que volte rapidamente, e nunca pare de pensar onde o Vencer quer que você esteja. Você pode estar fisicamente em outro lugar, mas mentalmente, você nunca parte.

Então, quando você me diz que quer ser implacável, quer vencer, está obcecado pelo sucesso mas também quer mais equilíbrio em sua vida, tenho que lhe dizer a verdade:

Não há equilíbrio para quem está comprometido com o Vencer. Pare de lutar contra isso, pare de se sentir culpado, pare de procurar. E comece a criar uma vida em seus próprios termos, que funciona para você e seus objetivos, para que todos possam vencer.

Se isso faz você se sentir melhor, você não está sozinho se pensa que não tem capacidade de equilibrar todas as partes de sua vida. É o problema mais comum entre meus clientes empresários. Enquanto os atletas têm uma temporada que começa e termina – permitindo que eles se desconectem e se atualizem por alguns meses – a maioria das pessoas não tem dois ou três meses para desligar e restaurar o equilíbrio em suas vidas; não existe a baixa temporada. O trabalho continua repetidamente. A corrida nunca acaba.

O senso de equilíbrio é pessoal e diferente em cada pessoa. Você não o encontra tentando fazer todo o mundo feliz; você o cria dando uma boa olhada no que realmente quer e no que será necessário para ter isso na própria vida. Na *sua* vida, na de mais ninguém. Se você está preocupado com o que é "normal", com o que os outros pensarão e se aprovarão, acabou para você. Continue se adaptando. Os vencedores se destacarão.

É como ter um terno feito sob medida. Você quer esse tecido, aqueles botões, o forro tal e as calças devem ser de tal altura. Para você, é o terno mais sexy já feito. Então, outra pessoa olha para o terno e comenta: *"Por que você comprou esse forro? As calças são meio compridas, né? Eu não usaria essa cor."* Bem, talvez você não, mas eu sim. Pegue a merda do terno que quiser, esse é perfeito para mim.

Olha, quero que você tenha sucesso e ainda tenha tempo para a família, os amigos, o descanso e a diversão. Quero que você esteja com seus filhos, que precisam de você. Quero que você tenha um relacionamento feliz com um parceiro que deseja as mesmas coisas. Quero que seja tudo simples e organizado, e quero que pare de ficar desapontado e com raiva de você. Acima de tudo, quero que você pare de ficar com raiva de si mesmo.

Mas também quero que você tenha seus objetivos e seus sonhos, e quero que *vença*. E tendo tudo isso, terá que renunciar a algo, por enquanto.

Você não pode ter tudo ao mesmo tempo e terá que se acostumar com a realidade de que certas coisas terão que esperar. Mas qual é a primeira coisa que as pessoas fazem quando sentem que a vida está desequilibrada? Eles começam a somar. *"Eu deveria ter um cachorro. Eu preciso fazer mais trabalhos de caridade. Eu tenho que ajudar aquele meu amigo com a mudança. Eu deveria ir nessa festa."*

Agora elas não têm tempo para o que realmente querem, então têm que desistir de outras coisas apenas para acompanhar. *"Eu vou dormir menos. Posso acordar às 3h da manhã. Vou malhar antes do amanhecer. Ficarei acordado até tarde e trabalharei a noite toda. Eu posso fazer tudo."*

Não, você não pode.

Você tem que dominar a arte do NÃO.

"Não" é uma frase completa, não requer interpretação, e todos ao redor do mundo entendem o que significa. Podem não gostar do significado, mas entendem.

E toda vez que você diz sim, toda vez que diz talvez ou não agora, quando realmente quer dizer não, o Vencer revira os olhos e olha para outra pessoa.

Por que é tão difícil dizer não? Eu sei, você quer ajudar as pessoas, você quer ser legal, você quer mostrar que pode levar tudo a cabo e fazer tudo funcionar. Mas o Vencer não precisa que você faça nenhuma dessas coisas. O Vencer precisa que você vença.

Eu tive clientes que fizeram uma "Lista do NÃO" para as coisas que eles não farão, um lembrete inegociável de coisas que não são prioritárias. Guarde-o no telefone, na mesa, cole-o no espelho, na geladeira e use-o. Apenas fazer a lista lhe dará uma nova perspectiva a respeito do que realmente importa e o que está apenas bagunçando sua agenda e sua vida.

Pare de somar. Comece a subtrair.

O Vencer exige foco total. Nem tudo e todos merecem tempo e atenção iguais. Se você terá mais tempo para o que quer, terá menos tempo para os amigos que precisam contar os dramas da vida cotidiana, os textos em grupo com trinta pessoas que acham que é seu trabalho entreter o grupo o dia todo, os colegas que adoram ter reuniões que não resolvem nada.

"É importante", dizem eles. *"Não para mim"*, você pensa.

Esquece.

É mais fácil escalar uma montanha com um colete pesado e uma mochila completa ou apenas com o essencial? Em vez de se dar mais o que fazer, comece a se livrar de tudo que está atrapalhando, tudo que estiver fazendo para atender às expectativas e aos pedidos de outras pessoas. Deve largar essas coisas. Deve lidar com isso e assim ter mais tempo para os elementos significativos e importantes de sua vida: família, filhos, saúde... você mesmo.

Você quer um exercício para excluir o que não necessita? Trabalhe assim: todo o mundo tem esse músculo que é essencial para focar, priorizar e, por fim, vencer. Você não pode ver, ele não aparece sob suas roupas. É interno: o músculo EPMF. O termo clinicamente correto é músculo Estou Pouco Me Fodendo. É mais forte em algumas pessoas do que em outras, e quanto mais você o usa, mais forte ele fica. Esse é o músculo que você flexiona quando precisa tomar decisões críticas sobre sua vida e suas prioridades, quando outros estão lhe dizendo o que fazer, julgando suas decisões e distraindo você de sua missão. Você também pode usá-lo consigo mesmo, quando seus medos e suas dúvidas estiverem sussurrando — ou gritando — que você não é bom o suficiente e não sabe o que está fazendo.

"Eu consigo ouvir." Sinta o músculo. *"Estou pouco me fodendo."*

Mas você não pode dizer assim simplesmente, você tem que tomar uma atitude real com base em uma decisão de fato.

Nas primeiras vezes que você usa seu músculo EPMF, ele pode parecer fraco, até meio dolorido e muito fácil de cansar, como acontece com qualquer músculo que você não usa com frequência suficiente. Mas quando usá-lo regularmente e treiná-lo apropriadamente, ele se torna forte, veloz e rápido na resposta. E isso eleva sua capacidade de largar as coisas e pessoas das quais precisa se afastar.

Esse músculo nunca deve ser usado na raiva ou para tomar uma decisão emocional. Trata-se de tomar uma decisão que você queria tomar há muito tempo, uma decisão que você sabia que é a certa, mas que por qualquer motivo você ainda não tomou.

Você pode usar esse músculo em quase todas as áreas de sua vida, mas é uma ferramenta especialmente poderosa na área do equilíbrio. Esse é o músculo que lhe dá liberdade. *"Eu não estarei neste evento. Eu tenho outro compromisso. Isso não funciona para mim. Não farei isso."*

O músculo EPMF é o poder do botão "delete" do teclado.

Pare de gastar tempo que você não tem com pessoas de quem você não gosta fazendo coisas que você não quer fazer. O que você quer? Mais tempo para trabalhar? Mais foco em seus objetivos? Mais tempo para seu relacionamento? Mais tempo para você? Descubra e tome uma decisão, caso contrário, você não será feliz em nada.

E quando você tomar essa decisão, pare de se desculpar por isso. Se você precisa reconhecer a dificuldade da escolha que fez, faça... *de uma vez.* Depois disso, cada pedido de desculpas enfraquece sua confiança e sua crença de que fez a escolha certa. Se realmente pode dizer EPMF, não se desculpe.

Eu sei que existem aqueles que não podem acreditar nisso. "Oh, se fosse tão fácil..." É muito fácil quando você sabe o que quer e o que não quer. Se você quer ganhar, se quer sucesso, quero dizer, quando quer de fato — não apenas meio que quer se as coisas derem certo —, você saberá com certeza sobre com o que está pouco se fodendo e o que deve excluir.

É assim que você cria o equilíbrio que leva ao sucesso.

Imagine uma balança. De um lado, você tem o Vencer. É isso. Todos os seus sonhos, seus objetivos e suas ambições — todos vão para um lado. Do outro lado, tudo o mais. Família, amigos, diversão, férias, compromissos, obrigações... tudo o mais que está em sua vida.

Se você está lendo este livro, presumo que o lado do Vencer tem mais peso do que o outro lado.

Mas talvez você sinta que precisa de mais equilíbrio, então começa a mexer em cada lado, adicionando e subtraindo de ambos os lados. Trabalhe um pouco menos, visite mais seus sogros... pare de ler os e-mails nos fins de semana, comece a sair com seus amigos... invista menos dinheiro em seu negócio, gaste mais em um carro novo. Continue mexendo a combinação até que você finalmente alcance o equilíbrio perfeito. Tudo igual e pareado. Parabéns!

Agora veja o resultado. Qual é o número que é perfeitamente equilibrado?

Zero.

Você quer zero felicidade? Você quer zero sucesso?

Você quer zero resultados?

Você quer zero conquistas?

Você deu a tudo o mesmo peso e se equilibrou para sair da corrida.

Se você quiser se destacar em alguma coisa, não pode viver em um estado de equilíbrio total. A vitória precisa dominar a balança até que esse lado caia o mais baixo possível, sob o peso do compromisso. Não pode desabar completamente sob o peso, como uma gangorra quando uma criança pula muito rápido e o outro lado cai, mas tem que suportar o máximo que você puder aguentar. Talvez um pouco mais.

É sua responsabilidade permanecer no comando da balança, então você a estará controlando, e ela não será ela que o controlará. Quando fica muito pesado, quando você precisa adicionar um pouco mais do outro lado para levantá-lo de volta, você decide o que está sendo adicionado. Ninguém mais pode decidir isso por você.

Agora você está começando a criar equilíbrio para si mesmo.

Pare de se privar do que você precisa para ter um desempenho de alto nível. Você precisa ser capaz de se concentrar. Você precisa dormir. Você precisa comer bem. Você precisa se manter saudável. Pare de se sentir culpado por cuidar de si mesmo. É essencial se você quer ir longe, e é a melhor maneira de cuidar de todas as outras pessoas que dependem de você.

Acredite em mim, eu entendo o conflito. Ninguém quer perder um relacionamento, magoar a família ou ferir os amigos. Mas, com certeza, se você está perseguindo um sonho ou trabalhando incansavelmente em direção a um objetivo, isso está lhe custando algo em sua vida pessoal. E se não for assim, você de fato não está totalmente comprometido com esses sonhos e objetivos.

Isso é você que deve decidir. Mas eu não conheço muitos grandes empreendedores que não tenham lutado nos próprios relacionamentos. Eu não me importo com o que eles mostram nas redes sociais ou nos cartões-postais da família. Eu conheço muitas pessoas "bem-sucedidas" que de modo frequente ostentam uma vida familiar perfeita e equilibrada, quando o oposto é a verdade. Aqueles que mais se gabam do equilíbrio geralmente têm menos. É tudo *show*, impulsionado pela culpa e pelo arrependimento. Não caia nessa. Acredite no que você sabe, não no que te dão permissão de ver.

Em algum ponto, haverá uma desconexão entre a busca pelo Vencer e dar energia ao que há ao seu redor. Outros dirão "Você está distante demais, a um milhão de quilômetros". Você pensará consigo mesmo: *"Apenas um milhão?"* E então perceberá: está exatamente onde precisa estar.

Eu vejo meus clientes passarem por isso todos os dias, todas as estações do ano, todos os anos. Perdem aniversários. Feriados. Dia das Mães. Dia dos Pais. Formaturas. Casamentos. Natal. Se você é um astro da NBA, raramente está em casa no Natal.

A maioria das pessoas dá de ombros e diz: "Eles são pagos regiamente para isso." Sim, é verdade. O que não torna mais fácil o não estar presente para brincar de Papai Noel com seus filhos, ou vê-los abrirem presentes, ou perder o nascimento de seu filho porque está em outra cidade competindo em um campeonato.

Viver sem equilíbrio significa pedir a outras pessoas em sua vida que entendam, apoiem e esperem. É preciso uma pessoa forte e confiante para estar com você enquanto você persegue seus sonhos e coloca todo resto de sua vida em modo de espera. Alguém que acredita em você e no que você está fazendo, e entende que uma vitória para você é uma vitória para todos em seu círculo.

É preciso alguém tão foda quanto você.

Bons parceiros compartilham a obsessão e o comprometimento. Eles não acham que você é louco, eles sabem que você é louco, e é isso que eles amam em você. Você conta a eles seus planos, e mesmo que eles não entendam completamente para onde você está indo, sabem que você sabe exatamente para onde está indo. A única pergunta que farão é: *"Quer que eu dirija?"*

Se você puder encontrar essa pessoa, considere-se um sortudo. Suas maiores parcerias, relacionamentos, casamentos, amizades serão com pessoas que compartilham sua loucura pelo resultado disso tudo. É por isso que trabalho tão bem com meus clientes. Estou tão obcecado e fodido da cabeça pelo Vencer quanto eles.

Se você precisa de parceria e apoio, peça, não apenas presuma que você tem direito a isso; mantenha essas pessoas ao seu lado, não atrás de você, em segundo plano. Se elas são importantes para você, deixe-as ser importantes. Elas não podem sentir que tudo gira em torno de você e estar presas em seus sonhos, sem nada para si. Elas têm seus próprios sonhos, e se você não estiver disposto a apoiar as aspirações delas, provavelmente elas não ficarão por perto para apoiar os seus. Todos têm a responsabilidade de continuar criando vitórias que beneficiem a parceria. Suas respectivas ambições não precisam se cruzar, você não precisa amar o que o outro está fazendo. Não significa trabalhar no mesmo negócio ou mesmo fazer o mesmo trabalho. Significa estar alinhado com o que cada um de vocês precisa fazer, com respeito total e apoio mútuo. Sem isso, é uma parceria já rompida.

O papel de seu parceiro é tão importante quanto o seu, e se você quiser mantê-lo feliz nesse papel, precisa ser realista sobre o que está por vir. Se você disser que precisa de um mês para cuidar de seus negócios, faça isso em um mês. Se você precisa de cinco anos, admita que demorará cinco anos. Não peça "alguns meses" e permaneça ausente — física e/ou mentalmente — por dez anos.

Seja honesto: *"Isso será difícil. Pode não ser agradável. Estou fazendo isso por nós e agradeço por você suportar o que isso custará a você. Fique comigo. Vai valer a pena."*

Em seguida, certifique-se de que realmente vale a pena.

Quando você estiver presente, *esteja* presente. Desligue o telefone. Feche o laptop. Não só "arranje tempo" para as pessoas em sua vida, invista nesse tempo. Dê algo em troca para aqueles que estão consigo. Sua corrida não acabou, e você ainda precisa deles. Faça valer a pena continuar investindo nisso.

O equilíbrio é um cabo de guerra implacável, com o Vencer puxando o outro lado. A bandeira está no meio, bem onde vive o equilíbrio. Não está aqui ou ali, não está ganhando ou perdendo. É no centro morto. A média. Se você competir com força o suficiente, pode levar o Vencer para o seu lado. Se você perder, o Vencer arrasta você para a lama. Seu objetivo é lutar como louco e com tudo o que tem, capturar o Vencer e ganhar a guerra.

Preparado?

Você consegue puxar o Vencer um pouco mais para perto de si, e assim que a bandeira sai do centro, o equilíbrio fica enfraquecido. Bom começo, mas você ainda não chegou lá. Você vai mais fundo e percebe que está sendo puxado para a outra direção, não pelo Vencer, mas por outras obrigações. Tenho que largá-las. Agora você pode puxar com mais força, com mais determinação. Você quer tanto isso, mas você está distraído por outras coisas e percebe que, por enquanto, tem que bloquear tudo, exceto essa competição. Foco total. O equilíbrio se foi completamente, e agora seu foco fica mais nítido, sua raiva fica mais forte, seus músculos estão ardendo, a pele está saindo da palma de suas mãos. Você não consegue respirar. Mais. Mais forte. Outro passo, puxando até os braços tremerem. É só você e o Vencer agora. Mais um passo... quase lá ...e o Vencer dá um salto gigante para trás, rindo, e puxa você de volta para o ponto de partida.

A bandeira está no meio de novo. Equilíbrio restaurado.

No entanto, você não pode largar. Você não pode se deixar largar. Você não pode perder.

Você chegou tão longe e sacrificou muito.

Você nem mesmo percebe o quão sujo está. Não percebe a lama em seus sapatos, as bolhas sangrentas em suas mãos — você simplesmente não se importa e não parará até que ganhe ou que o Vencer o faça desistir. E você não desistirá.

Então você olha em volta e percebe: nada para carregar junto. Sem bagagem. Sem distrações. Era só você, lutando por si mesmo e por todos de quem que você gosta. Lutando por tudo.

Por enquanto, você não está pensando em mais nada. Você investe 100% no que está fazendo, e tudo mais pode esperar.

Não há equilíbrio aqui.

Você pega a corda novamente. Pega uma toalha, limpa o sangue das mãos e se certifica de que o Vencer o veja; esse é o seu afrodisíaco. E então você continua. O cabo de guerra com o Vencer continua.

Ou você pode ficar no meio, perfeitamente equilibrado, e ir embora. De volta à segurança, de volta ao ponto morto. Nem aqui e nem ali, nem para a frente e nem para trás, nem para cima e nem para baixo. Você não está mais sozinho, porque todo o mundo está no meio com você, onde nenhuma decisão ou comprometimento são feitos, e você pode ficar na média para sempre. É legal. É tranquilo. Mas com certeza não é o Vencer.

Esta é a sua batalha, sua corrida pela excelência. Como você a consegue, e se você a consegue, depende só de sua capacidade "egoísta" de ter prioridades sem arrependimento.

1.
<u>VENCER É EGOÍSTA</u>

No começo da temporada do *Bulls* da era *Last Dance*, Scottie Pippen anunciou que teria que realizar uma cirurgia no tornozelo para tratar de um tendão rompido. Scottie era meu cliente naquela época, e nós discutimos se ele deveria fazer a cirurgia no verão antes da temporada 1997-98, assim poderia estar pronto para jogar quando a temporada começasse.

Mas Scottie optou por esperar, em parte porque não queria lidar com isso no verão, e também por estar infeliz com o contrato com o *Bulls*, que o tornou o 6º mais bem pago do time e o 122º mais bem pago da história da liga naquela temporada. Contra o conselho dos próprios agentes e do proprietário do *Bulls*, Jerry Reinsforf, Scottie concordou em estender o contrato que estava bem abaixo do valor que ele valia, porque queria a segurança de um acordo mais longo. E agora estava infeliz com a situação.

Ele imaginou que não o estavam pagando bem o suficiente para voltar logo.

Se você assistiu *O Arremesso Final*, deve se lembrar de que a equipe já havia sido informada que 1997-98 seria o fim de tudo. O técnico, Phil Jackson, não seria convidado a voltar, sobretudo por causa de uma rixa entre ele e o diretor-geral, Jerry

Krause; e porque alguns dos jogadores, incluindo Scottie, não seriam recontratados. Portanto, o segundo melhor jogador do *Bulls* decidiu fazer a cirurgia no início da temporada e perdeu os primeiros 35 jogos.

Em um dos momentos mais polêmicos de *O Arremesso Final*, Michael se referiu ao colega de equipe Scottie Pippen como "egoísta".

"Scottie estava errado em relação às circunstâncias", disse Jordan. "Ele poderia ter feito sua cirurgia assim que a temporada [anterior] tivesse terminado e estaria pronto para a [próxima] temporada. O que Scottie estava tentando fazer era forçar a administração a mudar seu contrato. Jerry não faria isso. Então agora eu tenho que começar a temporada sabendo que Scottie não estará por perto."

"Senti que Scottie estava sendo egoísta, preocupando-se consigo mesmo, em lugar de honrar a palavra com a organização, bem como com a equipe."

Mas nem todos os seus companheiros de equipe se sentiram assim.

"Todos respeitavam muito Scottie", disse Steve Kerr.

"Sentimos sua frustração. Ele provavelmente deveria ter sido o segundo cara mais bem pago da NBA. Então todos nós sentimos por ele, ninguém se ressentiu por ele ter feito aquela cirurgia. Todos nós entendemos, demos espaço, e ele poderá estar de volta com a gente para a segunda parte da temporada."

As consequências desse episódio foram imediatas. Alguns achavam que Scottie tinha sido egoísta por colocar suas necessidades à frente da equipe. Mas muitos achavam que Michael era egoísta por detonar um companheiro de equipe que esteve ao seu lado o tempo todo e a quem chamou de "o maior companheiro de time que já tive".

VENCER: A CORRIDA IMPLACÁVEL PELA EXCELÊNCIA

Você me diz: foi egoísta? Os dois foram? Nenhum dos dois?

Eu não quero que responda ainda. Leia um pouco mais, e nós voltamos a isso.

Agora: qual é sua definição de "egoísta"?

Eu lhe darei algumas opções, e você pode adicionar a sua própria: egocêntrico. Narcisista. Autocentrado. Só pensa em si. Convencido. Pretensioso. Vaidoso.

Idiota.

Se você foi chamado de alguma (ou todas) dessas coisas — o que é provável, se estiver trabalhando na questão do equilíbrio que discutimos mais cedo —, provavelmente não foi um elogio, e talvez você tenha ficado ofendido.

O Vencer gostaria que você apenas dissesse "obrigado" e continuasse fazendo o que estava fazendo.

O fato é: vencer requer egoísmo. Os vencedores não se importam com o que você pensa. Eles sabem dizer não e se sentem bem com isso. Eles não têm problemas para encerrar uma reunião de negócios depois de noventa segundos porque já ouviram o suficiente. Eles não fingem gostar de uma ideia apenas para fazer os outros se sentirem bem. Eles nunca se comprometem com nada, a menos que vejam um benefício a eles próprios ou aos seus objetivos. Seu tempo e sua agenda são sua maior prioridade, e eles não chegam aos outros a menos que seja necessário. E raramente é.

Egoístas? Provavelmente. Competentes? Eles permitem que seus resultados falem por eles.

Os vencedores não precisam de que gostem deles. Só precisam desses resultados, e se os alcançarem, não se arrependem de ser o que você considera "egoísta".

O que me leva de volta a Scottie. Eu concordo com sua decisão? Eu teria preferido que ele estivesse pronto para começar a

127

temporada com o resto da equipe. Mas ele fez o que sentiu ser certo para si mesmo, conhecia as ramificações de suas ações, sabia que MJ ficaria triste com ele e estava disposto a aceitar isso. O egoísmo exige que você defenda suas escolhas e seja corajoso no que diz respeito às reações contrárias.

E quando voltou para a equipe, verificamos se ele estava pronto para jogar. Enfrentou seus companheiros de time, e todos voltaram ao trabalho. Ele começou todos os jogos do resto da temporada com média de 37,5 minutos na quadra e 19,1 pontos por jogo. Resultado: o sexto campeonato.

Quanto a MJ, não havia como ele fingir estar bem com a decisão de Scottie. Se Michael acha que você está errado, ele não tem nenhum problema em responsabilizá-lo. Mas sabia o que realmente importava e nunca deixou de creditar a Scottie muito de seu próprio sucesso. A primeira pessoa que ele mencionou em seu discurso no Hall da Fama? "Ninguém nunca viu só a mim", disse ele. "Viu Scottie Pippen."

Scottie sabia que seria julgado por sua decisão. MJ sabia que seria julgado por sua resposta.

Nenhum dos dois se importou.

Quando *O Arremesso Final* foi lançado e as pessoas puderam ver a verdadeira natureza dos relacionamentos de MJ com companheiros de time e outros jogadores da liga (como em seus comentários sobre Scottie), muitos notaram o quão duro e autoritário ele podia ser; às vezes bem-humorado, às vezes não. Claro, muitos dos jogadores que apontaram as palavras duras foram aqueles que as receberam. Mas muitos outros criticaram a forma como MJ pressionou aqueles que não jogaram de acordo com seus próprios padrões, e como ele deixou claro que só havia uma maneira de jogar com ele — o seu jeito. Do jeito que havia conquistado seis campeonatos.

VENCER: A CORRIDA IMPLACÁVEL PELA EXCELÊNCIA

Os resultados fazem diferença.

Você pode estar lendo isto e pensando: *"Eu não sou assim."* Talvez não. Mas eu estaria disposto a apostar que, se você realmente olhar mais profundamente, verá as coisas que faz por si mesmo e que outros podem considerar egoístas, talvez sem nem mesmo pensar sobre isso. Todos nós temos um pouco disso. Quando você realmente deseja o resultado, essas situações não são mais uma escolha. Elas são uma necessidade.

Sei que muitos psicólogos e "especialistas" falam sobre os benefícios de ser solidário, positivo e tolerante, ao invés vez de ser duro, severo ou crítico. Se essa abordagem mais suave funcionou para você — quero dizer, com resultados mensuráveis, não apenas algo do tipo que faz de você o líder "popular" —, então continue fazendo o que está fazendo.

Michael conhecia uma maneira e funcionava. Não apenas para ele, mas para todos ao seu redor.

Se isso o tornasse egoísta, ele ficaria feliz em lhe mostrar seus seis anéis de campeão e dizer: "Não foi nada."

Por que é tão errado ser considerado "egoísta"?

A palavra "eu" literalmente se relaciona com sua identidade, sua individualidade. Define quem você é. Existem livros, músicas, camisetas, pôsteres e quatro bilhões de postagens no Facebook dizendo "Ame-se!" "Encontre-se!" "Cuide-se!" "Seja você mesmo!"

Se você está apostando tudo em *si mesmo...* isso não o tornaria egoísta?

E isso passa a ser uma coisa ruim?

Não é uma coisa ruim. E é essencial se você quiser vencer.

Agora, vamos deixar uma coisa clara antes que você cometa um grande erro: há uma diferença entre vencedores egoístas e perdedores egoístas. Um perdedor egoísta tira de todos, não sabe como usar o que tirou, e ninguém se beneficia, incluindo o perdedor. Exemplo: um jogador que se torna uma distração para o time, joga mal e culpa todos os outros. Exemplo: um empresário que se paga bem, mas negligencia o negócio; paga a seus funcionários menos do que seu valor, para que não tenham incentivo para produzir, culpa os funcionários pelo fraco desempenho e o negócio vai de mal a pior. Exemplo: pais que ignoram os eventos da vida de seus filhos porque estão cansados, entediados ou simplesmente não querem ser incomodados.

Não estamos falando desse tipo de egoísmo.

Estamos falando da capacidade de se concentrar em si mesmo, por todos os motivos certos. Vencedores egoístas se entregam a si mesmos, para que no final possam doar aos outros. Eles se dão confiança. Coragem. Clareza. Eles dão tempo, espaço e foco a eles mesmos; se dão a liberdade de vencer. Eles sabem quando se colocar em primeiro lugar e não se sentem mal por isso, porque seu sucesso alimenta todos ao redor. Algumas das pessoas mais caridosas do mundo — Warren Buffett, Bill e Melinda Gates, a família Walton — são capazes de doar bilhões para as causas que apoiam devido a décadas de trabalho e comprometimento egoísta.

Toda a criação de Tiger Woods teve como foco total de seus pais — e alguns diriam egoísta — a carreira dele. Earl e Kultida Woods criaram um estilo de vida para eles e seu filho, que permitia que a família fosse completa e "egoisticamente" devotada ao golfe, à educação acadêmica e ao enorme sucesso. Eles deram tudo o que tinham por ele, porque acreditaram no resultado. Ele era a única prioridade.

Por que é tão difícil se priorizar? E por que os outros ficam tão agitados quando você o faz? Quando você está fazendo as coisas que todos aprovam — comer, dormir, se exercitar, socializar, meditar —, ninguém o chama de egoísta. Eles podem se relacionar com essas coisas porque são, você sabe, normais. Mas comece a fazer coisas que ninguém mais está fazendo, coisas que eles não aprovam ou entendem, e você será criticado.

Então criamos maneiras atraentes de "normalizar" nossa necessidade de nos colocarmos em primeiro lugar. A "lista de coisas para fazer antes de morrer". O "Clube do Bolinha", "tempo para mim", a "reunião do Clube da Luluzinha". Qualquer coisa para evitar chamar pelo que de fato é: tempo e espaço só dizem respeito a si próprio.

Estou falando para todos que dizem "Não tenho tempo para mim". Sim, você tem. Você acabou de escolher usá-lo em outra coisa. Você não consegue ir para a academia, não consegue começar esse novo projeto, não consegue levar sua carreira para o próximo nível, não consegue passar um dia sem fazer absolutamente nada... por quê? *Não tenho tempo para mim. Eu tenho muito o que fazer. Eu prometi. Eu não posso dizer não."*

Fato: você não pode ajudar todas as outras pessoas até que primeiro ajude a si mesmo.

Você deve se sentir confortável. Você não pode criar suas próprias vitórias sem priorizar seus próprios objetivos e sonhos. Não é egoísmo usar essa "Lista do NÃO" e o músculo EPMF, de que falamos em nossa discussão tratando de equilíbrio. É crucial para o seu sucesso.

O egoísmo permite que você limite quem entra em seu círculo íntimo. Ao priorizar seu tempo e sua energia, você terá que fazer escolhas difíceis a respeito de quem incluir nessas prioridades. Sua família? Seus amigos? Pessoas que querem dizer o que é melhor para você? Pessoas que dizem o que você quer ouvir? Se você está cercado por outras pessoas que ficam o lembrando de que nunca o veem, você anda muito ocupado, precisa descansar — provavelmente é porque tem muitos amigos, e não aliados o suficiente. Os aliados entendem o que você precisa e pelo que está lutando; e você sabe, sem dúvida, que lutarão com você. Amigos às vezes se sentem ameaçados pelo seu sucesso. Os aliados entendem que seu sucesso não prejudica o deles.

Mas o egoísmo traz sérias responsabilidades. Se você pretende se colocar em primeiro lugar, deve haver um desfecho e resultado que faça com que tudo valha a pena. Você ganhou? Seu egoísmo permitiu que você criasse algo positivo? Isso o levou mais perto de onde precisava estar? Isso o beneficiou de uma forma que o fez se sentir bem com a decisão, mesmo que ninguém mais concordasse? Você está disposto a pagar o preço?

Parte desse preço — talvez a parte mais significativa — é abraçar a realidade de que você às vezes tomará decisões e terá que tomar ações que farão outras pessoas infelizes.

E com o tempo, aprenderá a não se importar.

É assim que você se distancia de tudo e de todos que estão entre você e o Vencer: você aprende a separar.

Mas a separação não é apenas se afastar dos outros. É também se afastar de si mesmo, mudar suas próprias crenças e seus hábitos limitadores, suas próprias inseguranças e medos e criar expectativas novas e valores. Deve-se colocar novas exigências sobre si mesmo e bloquear o barulho que quer impedi-lo de agir.

Fazer a separação significa criar níveis renovados em tudo o que você faz, desde suas filosofias e estratégias até sua abordagem mental em relação à excelência. Você não precisa ser tão bom quanto todo o mundo. Você precisa ser melhor.

Fazer a separação é obter poder. Poder sobre suas decisões, poder de se mover de onde está para onde deseja estar. Poder para parar de viver uma história que outra pessoa escreveu para você.

Poder para se elevar.

Separação também é liberdade. Quando você ganha a capacidade de se afastar da média e do comum e do "normal", ganha também o direito de rir quando alguém lhe diz para "ficar na sua". Você não tem só a "sua". Todo o caminho está aberto e tudo pertence a você. Você é livre para decidir, agir, escolher.

Fazer a separação tem tudo a ver com você e com o que você realmente deseja e com aquilo de que precisa. É aquele momento antes de você fazer algo novo, ousado e assustador, quando seria bem mais fácil voltar para a segurança, mas você sabe o que essa segurança custará. Então você dá o salto, sabendo que não pode mais ficar onde está.

Não é fácil, e não será algo livre de um sentimento de culpa. Se você já teve que se separar de sua família ou de seus amigos, se deixou seu time para se juntar a outro, se alguma vez foi contra a tradição ou o costume, você já sabe tudo isso. Outros não gostarão, e eles vão querer que você saiba. Você terá que se preparar para a tempestade que ocorre quando as pessoas são decepcionadas, quando sentem que deveriam ter voz em todas as suas decisões; você terá que decidir se precisa mais do resultado do que da aprovação delas.

Então, quando elas dizem "Você está louco?", você deve estar preparado para dizer "Sim, eu sou doido. Obrigado". Porque, se você está comprometido em vencer, se está determinado a alcançar a excelência, deve haver algum grau de loucura em você. Você precisa ter uma visão e um sonho que os outros nem mesmo possam compreender, e precisa estar tranquilo em relação a isso. Seus resultados explicarão tudo. Eu sei que os meus explicaram.

Sou o filho mais novo de pais indianos que trouxeram nossa família para os Estados Unidos quando eu tinha 4 anos. Meus pais trabalhavam na área médica, e fui criado para entender que tinha duas opções de carreira: poderia ser médico ou poderia ser médico. Eu não escolhi nenhuma das opções. Queria trabalhar com atletas profissionais.

"Você vai *o quê*?" Meus pais sofreram. "Vou trabalhar com atletas profissionais." Mas para fazê-los felizes — porque eu realmente queria fazê-los felizes, eu só não queria ser médico —, concordei em me inscrever na faculdade de Medicina e rezei para não entrar.

Eu entrei. O que me levou a um dos momentos "egoístas" mais difíceis da minha vida: dizer aos meus pais que não iria para a faculdade de Medicina e que não seria médico.

Dizer que eles ficaram decepcionados seria um baita eufemismo, embora eu tenha feito meu mestrado em Ciência do Exercício e conseguido ter uma carreira decente fazendo de fato o que disse que faria: trabalhar com atletas profissionais. Mas fui abençoado com pais que me amaram e apoiaram, embora discordassem de minha decisão (ainda que, mesmo depois de todo o meu sucesso com MJ, Kobe, Wade e outros, eles ainda mencionassem vez ou outra as vantagens de um "emprego de verdade" com benefícios e dentro do INSS). Eu fui egoísta? Deixarei que você decida. Fiz uma escolha por mim mesmo, separei-me das expectativas de minha família e dediquei minha vida aos resultados. Espero que algum dia você tenha a oportunidade de ser igualmente egoísta.

A maior parte do que fiz em minha carreira foi separação. Quando comecei a treinar MJ, em 1989, era raro os treinadores trabalharem diretamente com atletas profissionais; os treinadores em geral trabalhavam para os times, e é assim que eles obtinham acesso aos jogadores. Mas MJ queria se separar dos procedimentos de treinamento padrão do *Bulls*, e foi por isso que ele me contratou; ele queria um programa desenvolvido para suas necessidades únicas. Então, quando a equipe tentou me dizer como treiná-lo, fui educado, mas mantive distância. E percebi que, para ser eficaz para meu cliente e todos os clientes que o seguiriam, eu precisava permanecer assim.

Até hoje, nunca fui contratado por um time. Eu presto consultoria para os times, colaboro com equipes, mas meu trabalho sempre foi direcionado ao atleta individual. Preciso dessa separação bem definida para fazer meu trabalho com eficácia.

Mas separação não significa cortar todos os laços e se recusar a cooperar. Colaboração e cooperação são essenciais no meu negócio, e provavelmente no seu também. Eu trabalhei com muitos grupos corporativos que lutam contra a atitude de "Esses caras que se fodam" dentro da empresa, onde diferentes equipes e departamentos travam uma guerra contra os procedimentos e resultados uns dos outros. Alguns acreditam que isso cria um ambiente competitivo saudável e uma mentalidade "durona", que leva as pessoas a elevar o nível do desempenho. Mas, se você já trabalhou em tal cultura, sabe que raramente é assim.

Para que eu seja eficaz em meu negócio, preciso saber que todos os envolvidos com meu cliente estão no ritmo da mesma música, e eles também precisam saber disso. Isso significa uma comunicação respeitosa com o pessoal da equipe, desde o presidente e o diretor-geral até a equipe de treinamento e outros profissionais envolvidos em nosso resultado. Você precisa que ele chegue com esse peso? Você quer resolver esses problemas nas jogadas dele? Como você planeja usá-lo nesta temporada? Entendido. Manteremos contato. Estou sempre aberto a ouvir e ser prestativo, o que me rendeu uma tremenda confiança das equipes, que costumam ser cautelosas com "estranhos".

Eu também me separo quando se trata de falar sobre o progresso e os treinos de meus clientes. Raramente posto vídeos ou fotos de meu trabalho com atletas e raramente falo sobre o que estamos fazendo. Sei que agora é padrão os treinadores usarem as mídias sociais para exibir seus clientes, não apenas na academia, mas nos clubes, nos campos de golfe, na piscina, nas férias. Eu vou por outro caminho. Aqui está a extensão da minha mídia social no que se refere aos meus atletas: se você é relevante para o meu cliente — família próxima, agente, *staff* pessoal, profissional de saúde — e tem a permissão dele, terei o prazer de enviar o vídeo e as fotos. Você terá acesso total ao que estamos fazendo. Ou se meus clientes quiserem postar nosso trabalho em suas redes sociais ou me pedirem para postar algo, isso é com eles. Caso contrário, preciso manter nosso trabalho separado do aspecto de entretenimento e mídia do esporte e proteger meus clientes de pessoas que não precisam saber aquelas coisas.

Uma das razões pelas quais fui contratado para trabalhar com líderes corporativos, proprietários de negócios e celebridades é porque valorizo privacidade e discrição. Não falarei com a mídia sobre o que estamos fazendo, não usarei as mensagens deles para postar nas redes sociais, não entro em reuniões com uma equipe de câmera me seguindo.

Por que isso importa? Porque o Vencer insiste em ser a única prioridade. E isso requer atenção total, foco total e a capacidade ilimitada de investir nos resultados. Para mim, postar treinos nas redes sociais não é o tipo de investimento que dá resultado. Chama atenção, mas não tem resultado. E se eu fizer meu trabalho, se meus clientes fizerem o deles, os resultados todos falam por si, outras pessoas falarão disso, e nunca precisaremos postar.

O Vencer é um investimento. É o resultado de fazer escolhas "egoístas" que fortaleçam seus objetivos e separem você das limitações e inseguranças, criando distância entre onde você esteve e para onde quer ir.

Essas coisas não acontecem de forma acidental. Acontecem quando você toma a decisão de priorizar suas ambições e seus resultados. É o maior investimento que você pode fazer em sua vida, e até que esteja pronto para se comprometer com isso, você não consegue nem pensar no Vencer.

Se você sabe que deveria estar obtendo resultados melhores e acredita que vale o comprometimento de obtê-los, é hora de ser egoísta e investir. Para alguns, isso significa alocar recursos financeiros. Para outros, trata-se de educação e aprendizagem. Pode ser uma decisão de mudar de emprego ou perder peso, parar de fumar ou trabalhar em um determinado relacionamento. Pode significar tempo, dinheiro ou uma mudança na maneira de pensar. Isso é você que deve determinar. Mas seja o que for que esse investimento exija, faça, porque ninguém fará por você.

Como você pode esperar que os outros acreditem em você quando você mesmo não acredita?

As pessoas hesitam em investir em si mesmas por muitos motivos. Parece egoísta. Creem que não valem a pena. Acreditam que falharão. Elas acham que os outros julgarão.

Talvez seja um desperdício de dinheiro. "Posso me dar ao luxo de fazer isso?", elas pensam. Minha pergunta é esta: você pode se dar ao luxo de *não* fazer isso?

Se você tem um negócio de sucesso que exige viagens constantes a vários lugares, é realmente um "luxo" investir em um jato corporativo para que possa usar seu tempo e seus recursos com mais eficiência? Ou se você não pode pagar o jato, é um "desperdício" entrar em um saguão do aeroporto ou voar de primeira classe, para que você tenha espaço para trabalhar enquanto viaja? Se o seu negócio envolve levar colegas a potenciais investimentos imobiliários, é "ostentação" investir em um bom carro para que seus passageiros se sintam confortáveis? Se você está trabalhando remotamente e conduzindo todas as suas reuniões e conferências online, não deveria considerar gastar algum dinheiro em equipamentos de qualidade, que permitem que você pareça e soe profissional?

Sempre fico surpreso quando a mídia noticia a respeito de superestrelas do esporte que gastam centenas de milhares de dólares — ou mais — em seu treinamento e saúde como se isso fosse um luxo insano. *Ele tem um chef! E um massagista! Ele tem uma academia inteira e uma quadra de basquete em casa!* Essas coisas não são luxos, são instrumentos para os negócios. Você está falando de atletas com renda de oito ou nove dígitos. Você não acha que eles deveriam investir 1% disso para se certificar de que são fortes e saudáveis? Para prolongar as carreiras, para que possam continuar ganhando a quantidade de dinheiro que lhes permite gastar tal quantidade?

Mas sejamos claros: não se trata de quanto dinheiro está sendo gasto. O investimento financeiro não vale a pena se você não estiver investindo seu tempo e esforço no resultado. Quantas vezes você perdeu a oportunidade de melhorar de alguma forma? Quando você sabia o que tinha que fazer, mas não fez? Quantas vezes você já tentou se "reinventar", em vez de investir em quem você já é?

Tenho ouvido falar de muitos jovens que querem entrar no negócio de treinamento e trabalhar com profissionais. Eles querem saber como fazer isso acontecer, como se houvesse um código secreto que lhes daria o acesso. Tenho apenas uma resposta, independentemente de você querer trabalhar com atletas, projetar arranha-céus ou descobrir um planeta: invista em sua educação e em suas habilidades. Não há atalhos, não há via de acesso rápido. Michael Jordan me contratou porque eu apresentei a ele um programa que o intrigou e então o apoiei com resultados. Os anos que passei investindo em mim mesmo — aprendendo, experimentando, desenvolvendo um plano que um dia mudaria a forma como os atletas treinam — permitiram que isso acontecesse.

Depende de você fazer isso acontecer para si mesmo. Se sua família não o apoia, se eles pensam que você falhará, se estão dizendo que é muito difícil, complicado demais e que você está cometendo o maior erro de sua vida, você pode concordar e viver a vida que escolheram em seu lugar, ou pode assumir a responsabilidade por si mesmo e encontrar uma maneira de viver a vida que deseja.

Você já sabe o que eu faria.

Eu sei que existem muitas pessoas muito bem-sucedidas que não foram para a faculdade e acreditam que você também não precisa de uma faculdade. Elas dirão que é um desperdício de dinheiro, que você pode ter sucesso sem isso, elas fizeram isso e você também pode. Eu discordo totalmente. Funcionou para elas, isso é ótimo. Mas e todas as pessoas malsucedidas que não foram para a faculdade?

Você tem certeza de que optar por sair dessa experiência ainda permitirá que alcance tudo o que deseja, agora e no futuro? Qual é a desvantagem de procurar uma educação, desafiando-se a terminar algo? Você não tem que ir para uma grande instituição durante quatro anos, mas obter algo que o separa dos outros, que mostra que você se elevou além do grupo.

O Vencer requer uma combinação de educação da vida, educação formal, bom senso — o que nem sempre é tão comum — e senso incomum, porque o Vencer é, sem dúvida, incomum.

Podem tirar tudo de você — sua casa, dinheiro, roupas, carros, aviões. A única coisa que não podem tirar é a sua educação e o que você aprendeu. E a única coisa com a qual você pode contar se de fato perder tudo é a educação.

Invista em você mesmo porque você vale a pena. Não é egoísmo querer mais; é necessário sobreviver ao inferno do Vencer.

1.

VENCER LEVA VOCÊ AO INFERNO E, SE VOCÊ DESISTIR, <u>É ONDE VAI FICAR</u>

Tarde da noite, em 2007, Kobe Bryant ligou para Michael Jordan pedindo conselhos. Seus joelhos o estavam matando, disse ele. Já havia jogado dez temporadas na liga e acreditava que poderia jogar mais dez, mas não tinha certeza de quanto tempo mais conseguiria suportar o próprio físico. Ele não sabia mais o quanto aqueles joelhos poderiam aguentar.

MJ entendeu. "Ligue para Grover", ele disse. "Ele vai cuidar de você." Ele já estava aposentado e, depois de quinze anos comigo, ficou mais do que feliz em me ver aparecendo na porta de outra pessoa às 5h da manhã.

Ele compartilhou com Kobe algumas das coisas que tínhamos feito juntos e por qual motivo pensava que eu era a resposta que Kobe estava procurando. "Ele é o maior babaca que você vai conhecer", disse MJ, "mas sabe das coisas".

Você realmente não pode pedir um elogio melhor de Michael Jordan.

Kobe já havia vencido campeonatos em 2000, 2001 e 2002 e já estava consagrado como um dos melhores que já jogou o esporte. Mas o time havia passado do céu ao inferno: Shaquille O'Neal estava infeliz e exigia uma troca, que no final das contas o mandou para Miami. O treinador, Phil Jackson, saiu pouco antes de ser demitido e escreveu um livro que criticava Kobe veementemente. A equipe ficou atolada em uma reformulação longa e dolorosa. E agora Kobe se deparava com a possibilidade muito real e incômoda de que os três anéis dos campeonatos seriam o máximo que ele conquistaria.

Em 2007, já haviam se passado cinco anos desde o último campeonato, e o Vencer não estava mais atendendo às ligações de Kobe.

Ele poderia ter desistido, pegado seus três anéis e dito "Já deu". Ele poderia ter cedido aos joelhos ruins, jogado menos e ter diminuído o tempo de sua carreira.

Em vez disso, ele me ligou.

Gosto de ser a última ligação que alguém faz quando nada mais está funcionando. Isso é o Vencer para mim.

A primeira vez que o fiz treinar, ele olhou para mim depois de uma hora, pingando de suor, e perguntou: "O que falta?"

Eu disse a ele: "A estrada para o paraíso começa no inferno."

Kobe esteve no paraíso e viveu no inferno. E ele não teve problema nenhum indo e voltando entre os dois.

Nosso trabalho juntos não foi fácil, e ele não queria que fosse fácil. Tivemos que mudar seu corpo sem mudar seu jogo. Ele entendeu que tudo o que fizéssemos seria novo e diferente, desde seus exercícios e regime de treinos até o horário de sono e a dieta. Todos que trabalharam com ele, da equipe de funcionários pessoais a outros jogadores de elite, sabiam o desafio: estávamos buscando outro nível. O Vencer só lhe dá outra vitória se você lutar por ela com uma obsessão ainda maior do que da primeira vez. O trabalho que fizemos foi qualificado, sem erro, como o inferno. Não porque fosse longo de uma forma brutal ou punisse de forma desnecessária — eu não acredito nisso —, mas porque tínhamos um objetivo sério que exigia detalhes sérios. Outros companheiros de equipe e jogadores fora da temporada viram o que estávamos fazendo e pediram para se juntar a nós. Eles nunca mais voltaram.

Por exemplo: eu fazia com que ele mantivesse uma posição de *lunge*, com a perna de trás o mais esticada possível e o joelho o mais próximo possível do solo, sem tocá-lo, enquanto praticava uma forma perfeita de arremesso com uma bola de basquete... por cinco minutos. Em cada perna.

Tente por si. Você ouvirá o Vencer rindo em algum lugar à distância.

Às vezes, eu fazia um espaço de cinco metros de largura por quatro de comprimento e demarcava uma área que reproduzia a pintura da *NBA*. Nossos treinos eram naquele pequeno espaço. Eu o fazia girar, virar, pular, parar, voltar, em todas as direções e em todas as velocidades, com e sem bola. Então eu perguntei a ele quais movimentos o faziam sentir dor. Eu precisava saber se ele sentia desconforto na hora, depois de dois ou três passos, quando parava, começava, pulava ou repousava... cada detalhe. Nós o identificaríamos, resolveríamos e trabalharíamos para tornar essa área livre de dor. Em seguida, passaríamos para outro movimento e trabalharíamos para torná-lo livre de dor também. E assim por diante, todos os dias. Ele nunca hesitou, nunca faltou a um treino, nunca desistiu de um desafio complicado.

Quando as pessoas falam da grandeza de Kobe, costumam dizer: "Ele trabalhava duro." Verdade, mas elas não entendem direito. Jogadores como MJ e Kobe não apenas trabalharam, eles, de forma constante e consistente, *elevaram* o trabalho, porque, para sair do inferno, você tem que elevar *tudo*. Eles nunca ficaram apenas com o que os levou até lá, eles estavam sempre somando novas peças que ajudariam a ir mais alto. Eles entenderam que, se você continuar fazendo a mesma coisa, obterá os mesmos resultados. Então, para melhorar, tiveram que fazer um novo trabalho, um trabalho diferente.

Se você não evolui, se não encontra novas maneiras de se desafiar, você é um *BlackBerry* em um mundo de *iPhones*. Todo o mundo continua melhorando, e você ainda está executando o software antigo e desatualizado.

Kobe e eu compartilhamos as mesmas obsessões: prolongar a carreira dele, trazê-lo de volta com força total — não só tão bom quanto antes, como melhor do que nunca — e, claro, o Vencer.

Em 2009, Kobe teve sua próxima vitória. E outra em 2010. Um repórter perguntou a ele, durante as finais de 2009, como ele estava se sentindo. "Eu me sinto ótimo", disse ele. "Melhor do que já me senti num final da temporada durante toda a minha carreira."

Uma vitória para mim era vê-lo saudável, forte e de volta ao clube de elite do Vencer. Bem-vindo de volta ao paraíso.

Mas a estrada para o paraíso é uma via de mão dupla, e com a mesma rapidez com que você chega ao topo, pode escorregar de volta para baixo. Na verdade, pode até contar com isso. O Vencer não deixa você ficar por perto. Ele o encontra no desfile, grita mais alto quando você pega o troféu e depois o conduz ao estacionamento, onde o ônibus que o trouxe tem uma placa com o próximo destino: "Inferno."

Levaria dez anos antes que o *Lakers* retornasse às finais novamente.

VENCER: A CORRIDA IMPLACÁVEL PELA EXCELÊNCIA

As pessoas pensam no Vencer como um triunfo enorme e magnífico que resolve tudo. E é verdade... por um segundo. Mas fique naquele momento por muito tempo e o Vencer garantirá que você nunca mais tenha outro desse segundo.

É um ciclo sem fim, não uma viagem só de ida. Você quer vencer? Comece na parte mais baixa e vá subindo. Parabéns, você venceu. Você quer se sentir assim de novo? Volte para baixo e vá subindo. Parabéns, você venceu. Você quer se sentir assim de novo? Volte para baixo e... — beleza, você entendeu.

E mesmo quando você chega ao topo, o Vencer espera que você carregue um pedaço do inferno com você, para que nunca se esqueça de onde veio — e nem de que pode ser mandado de volta para lá a qualquer momento.

Vencer é um analgésico para os efeitos colaterais do inferno. A pressão mental e física esmagadoras, os relacionamentos arruinados, os amigos azedos, as horas de luta, o trabalho implacável — tudo isso pode ser aliviado pelo sucesso. Tudo o que você deseja para si mesmo — satisfação, orgulho, dinheiro, fama, glória, segurança — pode ser seu com uma dose poderosa e contínua do Vencer.

Mas aqui está a mensagem na bula: o Vencer é uma droga que requer uma dose cada vez mais poderosa sempre que você a toma. A cada vitória, você aprende mais, experimenta mais, sabe o que pode dar errado e sabe como deve se preparar para a viagem de volta ao topo. Portanto, essa dosagem tem que se tornar cada vez mais potente para funcionar. Você não pode simplesmente tomar em pequenas quantidades: você tem que ser viciado.

MJ entendeu isso melhor do que a maioria, bem como o retorno necessário ao inferno; é uma das coisas que o tornaram excelente. No início de sua carreira, ele conheceu o inferno de

145

ser espancado na quadra pelo *Detroit Pistons*. Ele sabia o inferno de trabalhar seu corpo até ficar tão forte, que não precisava mais aguentar as pancadas. Ele esteve na liga por sete temporadas — sim, sete — antes de finalmente chegar ao paraíso, para a primeira de suas seis danças com o Vencer.

Então: de volta ao inferno. Seu pai foi assassinado, a mídia e o escrutínio público da vida pessoal de Michael estavam fora de controle, e em 1993, ele decidiu se afastar da NBA para buscar outro sonho: queria jogar beisebol. Por duas temporadas, ele jogou 127 jogos da liga menor, viajou de ônibus na liga menor e estava se preparando para chegar às ligas principais, quando os jogadores da *Major League* entraram em greve em 1994-95. Ele foi convidado a furar a greve e continuar jogando; se recusou e decidiu que era hora de voltar ao primeiro amor: o basquete. Ele queria vencer novamente.

Quando ele voltou, no meio da temporada da *NBA* de 1995, tínhamos dois meses para prepará-lo para os *playoffs*. O basebol condicionou seu corpo a se mover e atuar de uma maneira totalmente diferente, e tivemos um período de tempo relativamente curto para restabelecer seu corpo ao basquete. Não foi o bastante. O *Bulls* perdeu para o *Orlando Magic* nos *playoffs* de 1995, e muitos acreditavam que o MJ "real" já era. "Não dá para sair dois anos e voltar da mesma forma", disseram. "Ele está acabado."

Mostre, disse o Vencer.

Dá uma olhada, então, disse MJ.

Na noite em que o *Bulls* perdeu para o *Magic*, nós nos sentamos na arena escura depois que todos haviam ido embora. Não havia muito a dizer, mas o silêncio disse tudo; e quando finalmente estava pronto para ir, imaginei que seria a última vez que o veria por um tempo; geralmente tirava uma folga no final da temporada, antes de começarmos a treinar novamente.

"Ligue-me quando estiver pronto", eu disse. "Avise-me quando quiser que eu te encontre."

"Estou pronto", respondeu ele. "Vejo você amanhã."

Era hora de sair do inferno.

Uma viagem que ele já havia feito tantas vezes, no início de cada temporada. Ele entendeu que nada era garantido; não havia certeza de que ele seria tão bom ou melhor do que na temporada anterior. Tudo o que ele fez, todo o sucesso, ele trabalhou e conquistou.

Então, quando uma temporada acabava e a próxima se aproximava, sabia o que esperar e o que exigir de si mesmo. Ele não temia o inferno de todo ano que o esperava, porque cada viagem de volta o tornava mais resistente, mais forte, mais resiliente. Esse era o seu poder.

A primeira viagem ao inferno é assustadora. Na segunda ou terceira visita, você sabe o que esperar, o que deve fazer. A resiliência não se constrói em sua zona de conforto; se constrói no inferno. E cada vez que você volta, fica um pouco mais endurecido, mais áspero, menos emocional, com mais cicatrizes. Depois de fazer a jornada repetidas vezes, por anos e até décadas, mal sentia o calor.

Mas seus companheiros sentiram, já que enfrentaram um MJ ainda mais feroz quando voltaram na temporada seguinte para o início de outra corrida à excelência, que começou com a temporada lendária de 72 vitórias e apenas 10 derrotas, e terminou com mais 3 campeonatos. Todos iam felizes e relaxados para o treino... até que o inferno entrou pela porta, disfarçado de Michael Jordan.

Exigente, intimidante, cruel, motivado para além de toda medida. E se alguém tivesse um problema com isso, como ele disse em *O Arremesso Final*, "Você nunca ganhou nada". Seus companheiros de equipe diriam, sem hesitar, que era realmente um inferno jogar junto dele. Mas ele levou cada um deles para o paraíso.

Atletas e celebridades — até mesmo alguns CEOs e magnatas dos negócios — vivenciaram essa jornada em público. A maioria das pessoas não; aquela viagem interminável entre o paraíso e o inferno acontece em particular, onde ninguém sabe ou entende com o que está lidando.

Todo o mundo está passando por algo que nem temos ideia do que é. Pressão, medo, dor física e mental, dúvida, sacrifício, a luta que nunca acaba. É o proprietário da empresa que precisa demitir metade de sua equipe apenas para manter a empresa. Os pais que não têm certeza se podem pagar as contas. É a incerteza sobre se você fez a escolha certa de carreira ou se vale a pena manter o relacionamento. É se olhar no espelho e se perguntar se algum dia será bom o bastante.

Para alguns, é trabalhar para um chefe horrível, lidar com problemas de saúde, lidar com problemas familiares difíceis. Não acho que exista experiência mais solitária do que procurar respostas, não encontrar nenhuma e perceber que está na encruzilhada da própria vida: ou você luta para sair do inferno em que está ou começa a aceitar que estará lá para sempre.

Seu negócio pode ter o melhor mês de todos, e no primeiro dia do próximo mês, está na estaca zero de novo, para fazer tudo de novo, desta vez com expectativas maiores. E se você for o líder desse negócio, precisa fazer com que toda a equipe continue fazendo essa viagem com você também, e que não se canse ao longo do caminho.

O Vencer espera para ver o que você fará. Não se preocupa em ser justo, não se importa com seu talento ou habilidade ou com o quão duro você trabalhou. Ele só quer que você descubra e lute por ele.

Se isso faz você se sentir melhor, saiba: você terá muito mais companhia no inferno do que no topo. O inferno é onde a maioria das pessoas fica, porque, por mais desagradável que seja, para muitos é mais fácil se estabelecer lá do que tentar lutar para sair; todos lá podem se relacionar com os problemas uns dos outros. Peso, finanças, relacionamentos, carreiras... o inferno está cheio de pessoas que lutam contra os mesmos problemas. Tantas, na verdade, que começa a parecer que está tudo certo. Normal. Você se encaixa bem.

Mas se você ainda está no inferno e sem um plano decisivo para escapar, é onde você permanecerá.

Para alguns, o inferno se refere ao trabalho árduo e à batalha sem fim para melhorar. Mas para outros, o inferno é a percepção apavorante que estão presos e provavelmente continuarão assim.

As pessoas dirão "Saia dessa", como se houvesse uma porta de saída para o Vencer que se abre logo na sua cara. Sair não é suficiente, isso é o básico e previsível. Você saiu — e depois? Para sair do seu inferno pessoal, você precisa ser capaz de puxar, agarrar, alcançar, escalar, escorregar, pular, cavar, abrir caminho com as garras para a liberdade. Lembra das palavras de MJ em *O Arremesso Final*? "Eu puxava as pessoas quando elas não queriam ser puxadas." A maioria das pessoas dá um pequeno empurrão e se vê em uma porta giratória, girando repetidas vezes.

O Vencer estabelece metas irracionais e exige que você assuma o fardo da responsabilidade para alcançá-las. Isso significa fazer tudo e todo o possível para sair da situação em que se encontra e estar em posição de vencer.

Você pode pagar o preço do Vencer e ter sucesso, ou pode desistir, ficar onde está e pagar o preço do arrependimento.

O Vencer usará todos os truques sujos conhecidos — e inventará novos apenas para se divertir — para mantê-lo no inferno. *"É muito difícil"*, sussurrará... *"Você nunca vai chegar lá... nem seus pais acreditam em você... seus amigos pensam que você é louco... olhe para você, você já é um fracasso."* O que, não por acaso, é exatamente o que você já estava pensando. Então você fica aí, esperando. Esperando para se sentir diferente, esperando que digam o que deve fazer, esperando por uma resposta que nunca vem. E, enquanto isso, as chamas estão ficando cada vez mais quentes, até que você não aguente mais. Você deve agir, ou queimará. Mas, em vez de ser impulsionado pelo calor, você congelará no lugar onde está.

Você tem que abraçar a negatividade, a crítica, o cinismo dos outros para que possa controlar como esse fogo queima. O fogo pode destruir, mas também pode forjar novas criações. Quanto mais você aguentar e quanto mais cedo você agir, maiores serão suas chances de voltar à corrida.

Para alguns, é muito difícil lidar — eles não fazem nada, e, depois, o Vencer desiste deles totalmente e vai embora. Se você não quer mais para si mesmo, tudo bem, outra pessoa vai conseguir essa vitória. Em vez disso, seu inferno passa a ser nunca saber o que poderia ter sido, nunca ter mais ou poder fazer mais por si mesmo. Isso é o inferno da complacência, o inferno da mediocridade. Fica tudo tranquilo. Não há raiva ou fogo. Apenas um inferno silencioso feito de absolutamente nada.

VENCER: A CORRIDA IMPLACÁVEL PELA EXCELÊNCIA

Para outros, o inferno é o resultado de escolhas; essas pessoas escolheram um caminho que parecia com o Vencer e conseguiram tudo o que queriam, mas perceberam tarde demais que odiavam o caminho que escolheram. Esse é o jogador que consegue um grande contrato, mas acaba em uma equipe perdedora, o CEO com um negócio de sucesso que odeia o que faz, o relacionamento que falha porque você escolheu o parceiro errado. Isso é o inferno de querer algo e precisar de algo diferente.

De forma comum, costuma ser quando o Vencer se afasta de você: *"Eu lhe dei uma oportunidade e você a jogou fora."* Pode permitir que você volte por meio de algum outro empreendimento, mas não aquele. Desculpe, já fechamos. Por enquanto. De volta ao inferno por mais tempo para fazer a transição.

Para muitos, esse tipo de decepção e fracasso é uma parada forçada. Para os grandes, é o início de uma nova corrida.

Quando o Vencer acabou com o calcanhar de Kobe e seus sonhos de um sexto e sétimo campeonatos, ele decidiu vencer em outra coisa. Não bastou, para ele, ganhar um Oscar, escrever best-sellers e criar filmes. Ele estava revolucionando o basquete feminino com sua filha Gianna, ensinando a ela e a suas colegas como vencer, no estilo mamba. Enquanto a maioria das crianças dessa idade treina por 45 minutos e depois faz um lanche, Kobe fazia treinos de 3 horas, com 2 horas e meia dedicadas apenas à defesa.

Ele não conseguia parar de encontrar maneiras novas de vencer.

Mas nem todos os atletas são capazes de transferir seu impulso competitivo para coisas novas a serem buscadas, uma vez que suas carreiras chegam ao fim.

Não estou falando de atletas profissionais que ganharam milhões e — se eles administraram bem o dinheiro — podem tirar proveito do tempo com os investimentos e a fama. Pense nos atletas olímpicos, que fazem aquela viagem interminável do inferno para o Vencer a cada quatro anos e, se fizerem tudo certo, eles talvez possam chegar lá uma vez.

E depois? Os mais raros dos atletas olímpicos — Michael Phelps ou Simone Biles, por exemplo — podem ter uma carreira de porta-voz, palestrante ou comentarista. Mas e se você é um arqueiro, é do trenó ou do salto com vara? O que vem por aí para esse atleta? Você pode ser o maior atirador do mundo, e agora? Atirador de elite profissional? Você treina desde os 10 anos para ser o melhor do mundo, e agora tem que ser um instrutor no campo de tiro e não consegue nem pagar as balas que usa. Esse é o seu inferno, a menos que você possa encontrar a próxima vitória para si mesmo.

Vejo isso no meu negócio o tempo todo com treinadores que conseguiram trabalhar com um jogador famoso e pensaram que isso daria a eles uma passagem permanente para o Vencer. Um ano depois, eles estão vendendo equipamentos de ginástica no shopping, se perguntando o que aconteceu.

Existem vitórias em todos os lugares. Cabe a você continuar a encontrá-las.

$$\bullet \ \bullet \ \bullet$$

Todos já passaram por algo tão difícil, doloroso ou desafiador que os mudou para sempre. Podemos não saber na hora, mas essas são as situações que mudam algo dentro de nós, e nunca poderemos voltar a ser como éramos antes.

Isso não é uma fraqueza. É a sua maior força e sua passagem para fora do inferno.

Como você "constrói" seus músculos? Você os destrói, e eles voltam mais fortes. Como você ganha uma cicatriz? Você sofre algum machucado, e a área fica mais forte. O tecido cicatricial é uma das coisas mais fortes que seu corpo pode fabricar.

Como você volta ao paraíso depois de passar pelo inferno? Você se reconstrói, mais forte.

Não do mesmo jeito que você era. Mais forte do que antes.

Não se trata de catar os cacos e colocá-los de volta no mesmo lugar. Tente fazer isso algum dia com algo que você quebrou. Um prato, um brinquedo, um espelho. Você pega todos os pedacinhos quebrados e tenta juntá-los novamente como se nada tivesse acontecido. Mas algo aconteceu, e você não pode desfazer esse tipo de dano.

Você não junta os cacos. As peças é que precisam pegá-lo e decidir como você precisará ser reconstruído. Você não será o mesmo que era. Você ficará mais forte, porque esses pedaços quebrados estão cheios de experiência, dor e tristeza, e usam tudo isso como combustível.

Nem todo o mundo gostará de você remodelado. Eles veem alguém diferente. Eles dizem que você mudou. Eles estão certos.

Para fazer crescer sua mente, seu coração, seu corpo e sua espiritualidade, você deve primeiro aceitar todas as suas feridas. Dê as boas-vindas a elas, abrace-as. Agora você é resistente enquanto continua sua busca; você não pode se machucar, porque tudo o que seus oponentes fizerem você já sentiu.

1.
VENCER É UMA PROVA SEM RESPOSTAS CORRETAS

Na primavera de 2020, saltei de um avião em muito bom estado. Eu tinha um paraquedas e um cara amarrado às minhas costas e que sabia tudo o que devia fazer, mas ainda era eu lá em cima saltando.

O salto de paraquedas — meu primeiro — foi algo que aparentemente prometi à minha filha que faríamos juntos. Ela se lembrou daquela promessa, eu não, mas acreditei em sua palavra, e fomos lá juntos. Eu estava mil vezes mais preocupado com ela do que comigo, e ela não estava nem um pouco. Eu não sabia como seria colocar o controle total nas mãos de um piloto e guia, que nunca havia conhecido, e simplesmente saltar desde o céu. Eu estaria mentindo se dissesse que não senti medo.

Antes de sairmos de casa naquela manhã, eu já havia estudado a mecânica do salto, como funcionaria a aterrissagem, o ângulo de descida, a maneira como meus pés deveriam tocar o solo correndo. Fiquei pensando: *"Posso pilotar o avião se algo der errado lá em cima? E qual é o meu plano se o paraquedas do cara não abrir? Ou se ele tiver um ataque cardíaco? Ou se ele for um torcedor do Pistons?"*

Não tive problemas em correr para fora do avião em direção ao céu aberto; isso estava sob meu controle. Mas quando estávamos caindo, meu primeiro pensamento foi procurar o corpo d'água mais próximo, o lugar mais macio possível para pousar, se algo desse errado. Se vou cair em queda livre sem paraquedas, não vou cair gritando sem pelo menos tentar outra opção.

E embora meus óculos tenham caído em algum lugar em um milharal de Wisconsin — voaram imediatamente após o salto — e a coisa toda tenha acontecido tão rápido que nem consigo me lembrar de todos os detalhes, me lembro disso:

Sim, senti medo. Mas eu não tinha dúvidas de que, acontecesse o que fosse, eu estaria bem.

Percebo que, na pior das hipóteses, isso poderia não ser verdade; posso ser implacável, mas não sou estúpido. No entanto, nunca me permiti pensar dessa forma, nunca duvidei do que ocorreria no final.

Quando você sente medo, quando não confia em mais nada, você deve ser capaz de confiar em si mesmo.

Quando alguém lhe diz que nunca se sente nervoso ou que não tem medo, ou está mentindo ou os desafios não são grandes o suficiente.

Todos sentem medo. Todos. Não me importa o quão corajoso, durão e "destemido" você se imagina, há algo que causa medo em sua alma e faz seu coração bater descontroladamente. Talvez por um momento, talvez mais. Você não pode evitar. O medo é instintivo; somos programados para isso. Não apenas nos esportes, em uma aventura ou em uma competição intensa, mas nos negócios, nas salas de aula e em todas as partes de nossa vida.

Eu sei que não tenho que explicar o medo, você já o experimentou um milhão de vezes em sua vida — talvez você esteja passando pelo medo. Mas temos que falar dele, porque o medo pode dar acesso direto ao Vencer, se você souber como administrá-lo.

As pessoas não gostam de admitir que têm medo porque pensam que isso as fará parecer fracas, inseguras ou apavoradas. Mas a insegurança e o pânico não são a mesma coisa que o medo. Eles se alinham mais com a ansiedade e suas dúvidas sobre sua capacidade de controlar o medo. Medo e dúvida não são a mesma coisa, e a diferença é tão distinta quanto Vencer e Perder.

O que você teme? Do que tem medo? E o que o impede de fazer realmente o que quer?

Tenho certeza de que você percebeu que não estamos falando de aranhas, edifícios altos ou palhaços. Estamos falando dos pensamentos caóticos que se agitam em sua cabeça às 2h da manhã, quando você quer tanto dormir, mas o barulho em sua mente não para. Seja o que for que o amedronte, você enfrenta esses desafios com a confiança de que pode administrar o resultado? Ou duvida de sua capacidade de lidar com o que está vindo em sua direção?

Medo versus dúvida. Não são a mesma coisa.

Os grandes se acalmam pensando em toda a preparação que fizeram, na confiança de que fizeram o trabalho e estão prontos. Meus clientes de basquete jogavam 82 jogos da temporada regular por ano e ficavam nervosos antes de cada um deles. Antes de cada jogo, você veria MJ sozinho, de cabeça baixa, mascando chiclete, tendo uma conversa privada consigo mesmo. Ele sentiu o nervosismo que você pode sentir antes de enfrentar um desafio. Mas ele nunca duvidou de que teria o melhor desempenho.

Kobe também sentiu. "Eu tenho dúvidas", disse ele em uma entrevista. "Eu tenho insegurança. Tenho medo do fracasso. E as noites em que apareço na arena e fico tipo 'Minhas costas doem, meus pés doem, meus joelhos doem. Eu não sirvo pra isso. Eu só quero relaxar'. Todos nós temos dúvidas. Ninguém pode negar, mas também não se deve ceder. Você incorpora o medo."

Você o incorpora. Você confia em si mesmo para lidar com tudo com que está lidando e não permite que seu medo se transforme em dúvida incontrolável.

Se você alguma vez me encontrar em um jogo, não verá nenhuma emoção de minha parte. Eu não salto durante grandes jogadas, eu não abaixo minha cabeça quando algo dá errado. Mas a cada minuto, sinto aquele medo familiar do que poderia acontecer a um de meus jogadores. Já vi milhares de jogos, assisti a um milhão de minutos de meus clientes jogando no nível mais alto, e em cada um desses minutos fico pensando: *"Ele caiu mal ao saltar? Está mancando? Foi o exercício que fizemos ontem? Foi o exercício que não fizemos ontem? Por que ele está errando os arremessos? Ele está cansado? Como vamos resolver isso amanhã?"*

E pode nem mesmo haver alguma coisa errada, mas nunca paro de imaginar tudo isso.

Esse é o meu medo, meu inferno. Não posso me dar ao luxo de entrar nessa de "Pense positivo!" como resolução para os problemas. Quando meus clientes têm um problema, pensar positivo não vai ajudar. Meu trabalho é estar preparado para qualquer situação, e se eu resolver problemas suficientes, se eu continuar juntando as respostas certas, eles podem voltar ao paraíso; e por um breve momento, eu também volto. Mas só por um segundo, porque meu trabalho começa de novo em breve, me preparando para o que vem logo depois.

Mas o retorno ao paraíso não acontece pelo poder do pensamento positivo. Isso acontece por ações dedicadas e direcionadas.

Vejo muitos treinadores que só falam de seus clientes quando estão jogando bem e depois desaparecem quando há um problema. Querem levar todo o crédito pelo que é bom e ter zero responsabilidade pelo que é mau. Quando alguém joga uma ótima partida, o treinador está em toda a mídia falando de seus ótimos exercícios e treinamentos. Quando o atleta faz um jogo ruim ou se machuca, o treinador não está em lugar nenhum, principalmente porque teme ser culpado e duvida de sua capacidade de consertar.

Não posso garantir que meus atletas não se machucarão, mas não posso viver com medo disso. Portanto, tudo o que faço é tentar minimizar o risco de isso acontecer. Não há como evitar todas as lesões, mas posso tomar todas as precauções para me proteger delas.

Isso me ajuda a lutar contra o desejo mental de duvidar de mim mesmo, de criar problemas que ainda não apareceram e pensar em tudo que pode dar errado.

O medo aparece por si próprio. A dúvida é convidada a entrar. O medo aumenta sua consciência, deixa você alerta. A dúvida é o oposto, atrasa e paralisa seu pensamento.

O medo é jogar para vencer. A dúvida é jogar para não perder.

Quando você tem uma reunião ou apresentação importantes à frente, ou o jogo de sua vida, o medo é uma luz estroboscópica de néon que o coloca em ação. A dúvida diz a você que deve ficar parado como uma estátua até que a crise passe.

O medo tem a ver com a ameaça, seja o que for que você tenha que enfrentar.

A dúvida só tem a ver com você mesmo.

Você pode temer aquilo que o adversário poderia fazer. Mas, se você duvida de sua habilidade de vencê-lo, você não tem chance. O medo diz que há um minuto restante no relógio, e você precisa vencer agora. A dúvida diz que resta um minuto no relógio, e você está prestes a perder.

O medo é pressão. A dúvida é pânico.

O medo diz eu consigo fazer. A dúvida diz estou fodido.

De todos os obstáculos e desafios que você enfrentará nesta corrida para a excelência, nenhum o definirá mais do que como você reage quando está na encruzilhada entre o medo e a dúvida.

Isso é o Vencer: um salto na crença em si próprio. O Vencer te leva ao céu em um avião e te empurra porta afora antes que você possa verificar mais uma vez se o paraquedas está no lugar.

Você pode se preparar, pode planejar, organizar e mapear tudo o que deseja fazer. Mas em algum ponto, tem que dar aquele salto para o desconhecido, deixar o medo fluir por você e ter total confiança de que terá sucesso.

Existem quatro componentes do Vencer que determinam como você gerenciará seus medos e suas dúvidas e dará aquele salto, ou mesmo se vai dar o salto.

Talento.

Inteligência.

Competitividade.

Resiliência.

É possível obter uma vitória com apenas três desses, e suponho que, em casos muito raros, dá até para tropeçar em uma vitória com apenas um ou dois, se mil outras coisas acontecerem a seu favor e ao mesmo tempo.

Mas para vencer no nível mais alto, várias vezes e em todas as áreas de sua vida — carreira, dinheiro, saúde, família, tudo o que você valoriza —, você precisa dos quatro.

Pouquíssimas são as pessoas que têm todos os quatro.

Imagine um alvo. Há um grande aro do lado mais externo, com um aro um pouco menor dentro daquele, e então um aro ainda menor dentro deste, e então, no centro, mais um aro menorzinho.

Eu os chamo de Quatro Aros da Vitória. E no centro deles, está o seu alvo.

No grande aro exterior, você tem o talento. Todo o mundo entra nesse ringue, porque todo o mundo tem algum grau de talento em alguma coisa. Estar nesse grupo não é ser da elite ou mesmo notável, é apenas um ponto de partida sob o qual se pode progredir, porque o talento nunca será suficiente para torná-lo um vencedor. Mesmo se você for extremamente talentoso, ainda haverá outros no seu nível ou próximos a ele, e se tiverem outras habilidades que você não tem, você será deixado para trás.

Dentro desse aro dos talentos está um aro um pouco menor. Para entrar nesse aro, você precisa trazer seu talento e também precisa de inteligência. Você não precisa ser um gênio em absolutamente tudo, mas precisa de inteligência extrema em tudo o que estiver se esforçando para realizar. Os indivíduos desse aro sabem como desenvolver seu talento e têm um conhecimento profundo da forma como usá-lo.

Então, por exemplo, um *quarterback* da NFL não precisa saber como se faz um transplante de coração, mas precisa entender muito bem como ser um *quarterback* da NFL. No entanto, existem muitas pessoas inteligentes e talentosas por aí que nunca alcançaram nada, então estar nesse aro não necessariamente garantirá uma vitória. Você precisará de mais.

Agora nos aproximamos do próximo aro, no centro do alvo, onde a população é ainda menor. Para entrar nesse aro, você deve ter talento, inteligência e o elemento adicional de competitividade, porque toda a habilidade e inteligência do mundo não podem ajudá-lo se você não for capaz ou não estiver disposto a competir pelo que deseja. Se está nesse aro, entende que nada lhe será dado, não importa o quão bom seja, e quão empenhado esteja em lutar pelo resultado final. É aqui que muitas pessoas perdem: falam de competir, dizem todas as coisas certas e realmente acreditam nelas. Eles dizem que "fariam qualquer coisa"... até que seja hora de "fazer qualquer coisa". Quando é hora de fazer e se lançar para o próximo nível, quando é hora de pisar na garganta de seu oponente, com resultados indiscutíveis, começam a duvidar da própria capacidade e recuam. Grandes competidores não recuam.

Se você é realmente competitivo e pode combinar essa característica com talento e inteligência, você pode ser muito bom.

Mas você precisa de mais uma coisa para ser um verdadeiro vencedor.

Há mais um anel, o menor, com o menor número de pessoas e os melhores resultados. Esse minúsculo círculo tem todos os outros componentes — talento, inteligência, competitividade — e adiciona a única coisa que separa os campeões de todos os outros:

Resiliência.

Resiliência é o poder de permanecer na luta quando seu medo lhe diz para correr. É a capacidade de ver tudo que pode dar errado e ainda ter controle do que pode dar certo. Quando você é pego de surpresa por más notícias, más pessoas ou má sorte — quando você não tem nada em que se agarrar — a resiliência é a sua salvação.

Resiliência é saber que, ainda que tudo vá de mal a pior e você tenha todos os motivos para desmoronar, não desmorona.

Permite que você sinta a dor e a humilhação da perda, do conflito e da confusão e ainda acredite que sobreviverá.

Quando sua cabeça está explodindo sob a pressão, quando suas entranhas estão sendo dilaceradas pelo caos e pela crise, quando quer parar, quando todos querem que pare, a resiliência é o remédio secreto que sussurra: *"Continue."*

Porque você sabe que pode. Você deve.

Quando você não tem nada a perder, fica livre para fazer qualquer coisa.

Você conhece aquela sensação desconfortável de sentir "borboletas" no estômago? Isso é a resiliência acionando os motores. Essas borboletas são suas parceiras, suas aliadas para enfrentar o que vem pela frente. Elas lembram que há uma batalha prestes a ser travada e que precisa ser enfrentada. Como eu disse no meu livro anterior, *Implacável*, você não precisa fazer com que elas desapareçam. Você precisa fazer com que sigam na mesma direção e usá-las para obter energia.

Quando você ouve más notícias, quando está encurralado, quando percebe que as coisas estão prestes a ir contra você, existem duas opções: permitir que o medo se eleve e chegue a ser pânico ou colocar a resiliência para funcionar e continuar.

Quando o *kicker* da NFL perde um *field goal* no *Super Bowl*, quando o patinador artístico cai nas Olimpíadas, quando você esquece a parte mais importante de sua grande apresentação, não há nada que alguém possa dizer ou fazer para que essa sensação nauseante vá embora. E a menos que você tenha a resiliência para se recompor — e rápido — acabou para você. Você vê isso o tempo todo em competição: algo dá errado e tudo fica ainda pior. É preciso ser um tipo raro de competidor para interromper a queda livre, esquecê-la por um segundo e continuar.

Outros podem fazer um sinal de positivo com o polegar e de forma alegre mandar um "É isso aí!", mas sejamos honestos: se você precisa de outra pessoa para lhe dizer isso, se ainda não sente, você não é nada. Você está tão para baixo, que seus companheiros de time não podem alcançá-lo até que você alcance a si mesmo primeiro.

O Vencer dá um nó permanente em seu estômago e ri quando você tenta desamarrá-lo.

Mas é melhor desamarrar rapidamente, porque você não pode melhorar as coisas para si mesmo até que pare de piorá-las.

A resiliência é o que separa o medo da dúvida. Faz com que você esteja em alerta máximo mas ainda permaneça no controle de suas decisões e ações.

Pessoas resilientes não agem como vítimas, não sentem pena de si mesmas. Não ficam pensando no que está acontecendo agora; estão olhando para a frente para ver como podem assumir o controle e mudar o resultado. Se não gostam da maneira como a história está se desenrolando, elas escrevem uma própria.

Não há um único dia de sua vida que não exija algum tipo de resiliência.

Problemas financeiros. Problemas familiares. Desafios de saúde. Problemas de relacionamento. Situações no trabalho. Tantas coisas que você nunca pensou com que estaria lidando.

Gostamos de pensar no Vencer como uma conquista cheia de *glamour* e glória, e para aqueles que chegam lá, de fato é. Entretanto, muito pouco do que você passa para alcançá-lo tem *glamour* ou glória. É a razão pela qual os campeões se emocionam quando finalmente seguram o troféu; eles não estão pensando no prêmio ou no desfile, estão se lembrando da dor e da frustração, do medo, do sacrifício e da solidão. Tudo o que suportaram, todas as vezes que quiseram desistir mas seguiram em frente.

Eles sabem a verdade: sem a resiliência para superar as horas mais sombrias de medo e fracasso, nunca teriam sobrevivido. E se querem vencer novamente, têm de se manter resilientes contra essas coisas outra vez.

Se você não consegue lidar com o fracasso, não consegue lidar com o Vencer.

Todo o mundo vai falhar, mas *nem* todo o mundo vai vencer. Você pode ser uma entre 100 pessoas que se candidatam a um emprego, mas apenas uma pessoa será contratada. Existem 32 equipes na *NFL*, apenas uma vence o *Super Bowl*. Para todos os outros, fracasso. E você tem de ser resiliente para enfrentar esse fracasso, ou nunca viverá o bastante para alcançar o sucesso.

As pessoas adoram se gabar de como odeiam perder, de como são péssimos perdedores, como se isso as tornasse vencedoras. Adivinha só, todo o mundo odeia perder. Ninguém para e diz: *"Quer saber, prefiro perder, é ótimo."* Mas para entender de fato o Vencer, você também deve entender seu parceiro, o Perder.

O Vencer e o Perder não são inimigos mortais; precisam um do outro para sobreviver. Sem o Perder, o Vencer não pode existir, porque se alguém vai ganhar, isso geralmente significa que outra pessoa tem que perder. É uma parceria bizarra e maluca.

Mas, enquanto o Vencer é cuidadoso, meticuloso e exigente de um modo elaborado a respeito de quem aceita, o Perder toma conta de todos e não tem paciência para o drama e a esquisitice do Vencer. *"Escolha um logo"*, diz o Perder, *"o resto é meu."*

O Vencer o torna um especialista em Perder. Você nunca se acostuma com isso, mas aprende a controlar sua reação, até que não tenha mais reação alguma. Você se torna menos emocional em relação a isso, porque a energia necessária para perder a cabeça por causa de uma derrota é a energia que você precisa redirecionar para o Vencer. E quanto mais você se apega a essa emoção, mais difícil será para você superá-la, e mais difícil para todos os outros superá-la. Você entende que é parte do processo. Você não tem que gostar, mas tem que enfrentar. É um mal necessário e uma realidade da competição.

Se você perdeu, se jogou mal, se foi um lixo, apenas admita. *"Eu joguei mal. Fiz um jogo péssimo."* Você não tem que dar uma razão, não tem que se explicar. Já é óbvio para todos, então só assuma e volte ao trabalho. Em seguida, aprenda com o ocorrido, absorva-o, tire tudo o que puder dele... e se livre dele. Acabou.

Às vezes, depois de um jogo, e especialmente depois de uma derrota, Kobe obtinha a filmagem do jogo, e nós assistíamos juntos, cada segundo, cada quadro. Às vezes estávamos no carro indo jantar tarde e nunca chegávamos lá; nós apenas nos sentávamos no carro, analisando o que deu certo e o que deu errado. É assim que você gerencia uma perda. Você a despedaça até que perca o poder de acontecer novamente.

Perder dói. Você não precisa aprender isso, toda criança sabe que perder dói. O que acontece quando as crianças estão brincando e uma delas pega o brinquedo, ganha a corrida ou ganha um ponto? O outro garoto está chorando e acertando o vencedor na cabeça com um taco de golfe de plástico. De qualquer forma, haverá uma reação, e não é alegre.

O Vencer é instintivo, em qualquer idade.

VENCER: A CORRIDA IMPLACÁVEL PELA EXCELÊNCIA

Mas imediatamente os adultos intervêm e passam um sermão ao perdedor: *"É apenas um jogo! Divirta-se! Seja legal! Não seja um mau perdedor!"*

Legal? O Vencer pede mais do que ser "legal". Na verdade, não requer ser "legal" de forma alguma. E qual é o oposto de um mau perdedor? Um bom perdedor? O que vem a seguir, um grande perdedor?

Eu não direi a ninguém como criar seus filhos. Mas sejamos honestos: você também não gosta de perder. A maneira como gerencia o Perder diz tudo a respeito de como administrará o Vencer. O que se deve aprender não é que "é só um jogo". Os jogos têm resultados, e os resultados são importantes. A lição é esta: para quase todo o mundo, perder é inevitável.

Você perderá em algum momento, faz parte da competição. Seu compromisso com o Vencer não é eliminar o Perder. Seu trabalho é minimizar as desvantagens quando você perde e, em seguida, fazer todo o possível para se recuperar o mais rápido possível após uma perda.

Em seu caminho para o Vencer, cada perda é como uma parada forçada para descansar ao longo do caminho. Você nem sempre sabe quando está chegando, mas sabe que fará parte da jornada. Não será agradável, mas você lida com a coisa, lava as mãos e volta para a estrada o mais rápido que puder.

É por isso que tenho um grande problema com "troféus de participação" para crianças. Eu entendo, crianças gostam de troféus. Por alguns dólares a mais, você ganha um troféu e um chapéu. Você não tem que aparecer para os treinos ou jogos, jogará sem placar, sem responsabilidade, sem reconhecimento algum das conquistas reais, mas ainda estará recebendo aquele troféu. Você terminou em décimo primeiro lugar. Todo o mundo é um vencedor.

Sério?

Para crianças muito pequenas, eu entendo e apoio o valor de enfatizar a experiência em vez dos resultados. É inclusivo, apoia e dá às crianças a primeira experiência nos esportes. Mas quando elas estão na primeira série, é aceitável — ou melhor, é necessário — ensinar para as crianças que às vezes perderão e, em seguida, ensiná-las a perder. Ensine-lhes o valor de trabalhar duro e alcançar algo. Ensine-lhes como é se esforçar e obter resultados. Ensine-lhes que perder é a melhor maneira de aprender a vencer.

Ensine-lhes que o Vencer é importante. Os resultados são importantes.

Ninguém quer ver as crianças desapontadas. É difícil para elas e às vezes ainda mais difícil para os pais. Mas aquelas que podem aprender a lidar com a derrota e usá-la para crescer, em vez de desistir, estarão mais bem preparadas para os desafios da vida.

Porque, à medida que envelhecem, não receberão nenhum troféu de participação apenas por ter ido até lá. E quanto mais cedo aprenderem a lidar com perdas e decepções difíceis, menos temerão a adversidade e o fracasso.

O mesmo vale para os adultos, não é? Quanto mais experimentamos — e sobrevivemos a — grandes perdas e decepções, mais percebemos o quanto podemos suportar — o quão fortes e resilientes de fato somos. A vida exige que você apareça, participe, jogue, marque pontos, reconheça as conquistas... e mesmo quando você faz todas essas coisas, nem sempre consegue o troféu.

Mas só porque você perdeu, não significa que tem de estar perdido. Quão próximo está de se reconectar com o Vencer? Alguns centímetros? Um quilômetro? A distância de uma maratona? Você deve se concentrar no final da corrida, não na derrota que colocou um enorme buraco em seu caminho. Quanto mais você se distanciar de seu curso, mais tempo levará para voltar ao caminho correto. É assim que uma perda se torna duas, duas se transformam em cinco, e agora você se vê vagando cada vez mais fundo no inferno, sem nenhuma maneira de encontrar o caminho de volta.

MJ costumava ficar furioso com os companheiros que falavam da maneira como o time teria um ótimo jogo ou uma ótima temporada, porque sabia que eles desmoronariam se a temporada começasse mal — e então ele próprio teria que carregá-los. "Como você sabe?", ele perguntava. "Como você sabe que seremos ótimos? Não fizemos nada ainda. O que você está comemorando?"

Eu penso nisso toda véspera de Ano-Novo, quando as pessoas enlouquecem prometendo que ano ótimo terão. *Vou mandar muito bem este ano, vou arrasar!"* Começam o ano bêbados, de ressaca, cansados demais para se levantar... mas é "o ano delas". Elas não fizeram nada, não têm planos reais de como o novo ano será mais produtivo e bem-sucedido do que o anterior, mas já estão comemorando.

E em fevereiro, sentem aquele medo familiar do fracasso e desistem. Novamente.

Quando você é resiliente de verdade, desistir nunca é uma opção. Tive a sorte de conhecer muitos campeões, e não estou falando de astros do esporte. São pessoas comuns que são tudo, menos comuns, cuja resiliência lhes permitiu realizar coisas incríveis, enfrentar desafios e obstáculos que pareciam intransponíveis. Eles vêm de todas as esferas da vida e são de origens totalmente diversas, mas têm uma coisa em comum: eles nunca desistem.

Estou pensando em meu amigo Laval St. Germain, um piloto de aeronaves comerciais do Canadá e grande orador, que escalou o Monte Everest sem o uso de oxigênio suplementar e cruzou o Oceano Atlântico em um barco a remo sozinho, em tempo recorde. Estou pensando na imparável Holly Hollis Stars, uma jovem e brilhante advogada de Baton Rouge que teve a forma mais rara e agressiva de câncer de mama e que luta sua batalha contra seus medos todos os dias com coragem, graça e fé inabalável em si própria. Estou pensando nas pessoas que conheci ao longo do caminho — aquelas que estão lutando para cuidar de pais idosos ou crianças doentes, lutando para ter uma vida melhor para si e para aqueles que amam, lutando contra seus medos, suas limitações e tudo o que se interpõe entre elas e o Vencer.

E estou pensando em meu pai, Surjit Singh Grover, cuja coragem e resistência me tornaram o que sou hoje. Perdi meu pai em 2017, dois dias depois do Natal e dois dias antes de seu septuagésimo sétimo aniversário. Eu conheci e estive perto de muitos grandes homens, mas nenhum impactou minha vida de forma mais indelével do que ele. Ele não era famoso, nem mesmo era fã de esportes e não se importava em ser sociável, mas todos os dias de sua vida eram para o Vencer, para si mesmo e para aqueles ao seu redor. Desde sua decisão de vir para os Estados Unidos para criar sua família até ver seus dois filhos e seus muitos netos crescerem para deixá-lo orgulhoso; viveu todos os dias com uma visão de como fazer as coisas de uma forma melhor, não apenas para si mesmo, mas para o amor de sua vida e minha mãe, Rattan, e por toda a família. Ele era um homem de grande fé, um Sikh orgulhoso, que usava o turbante e aguentava o preconceito que vinha junto de ser "diferente". Ele adorava uma piada suja, guardou quarenta anos de recortes de jornais que mencionavam meu nome e nunca vacilou em sua crença de que trabalho árduo e dedicação eram a resposta para tudo. Sei que ele tinha medo ao pensar no modo como cuidaria de todos que contavam com ele. Mas ele nunca tinha dúvidas a respeito da habilidade para fazer isso.

Sua resiliência se tornou a minha. E é por causa dele que posso compartilhar com vocês o que aprendi. Descanse em paz, Baba.

1.

VENCER SABE
TODOS SEUS SEGREDOS

Todas as noites, entre as 2h e 4h da manhã, acordo e reparo que não estou sozinho.

Não importa o quão escuro esteja o quarto, independentemente de estar em casa ou na estrada, eu acordo com alguém falando comigo. Às vezes, várias vozes ao mesmo tempo.

Eu nem preciso abrir meus olhos para saber quem eles são. Posso senti-los rodeando a cama, esperando para falar comigo.

E de forma alguma vão embora.

O Vencer faz longas caminhadas na sua cabeça, geralmente no meio da noite, e traz todos que você não quer ver. As emoções ocultas. Os monstros debaixo da cama. Seus segredos. Seus medos. Suas inseguranças. Suas dúvidas. Você acorda na escuridão com pensamentos, ideias e preocupações que não tinha quando foi dormir, mas que de repente lá estão, destruindo seu mundo.

Você pensou que era o único, certo?

Você não está sozinho. Eu sei que muitas pessoas têm a mesma experiência e não falam disso. Elas acham que isso as faz parecer loucas, fracas ou amedrontadas. Então estou falando disso porque tais eventos noturnos moldam meus pensamentos e ações todos os dias e têm tudo a ver com a forma como eu abordo o Vencer.

Sua ansiedade a respeito do futuro desconhecido, as mentiras, a culpa, os sentimentos de inadequação e fracasso, o medo de decepcionar os outros... a maioria das pessoas fica apavorada com essas visitas noturnas; não querem lidar com esse tipo de isolamento mental. Então esperam, de uma forma triste, que o terror passe, fingindo que não há nada de errado. Eles escondem aquelas emoções e esperam que ninguém nunca descubra os demônios e segredos que mantêm escondidos.

Não funciona. Você pode sair da cama, acender as luzes, começar o dia, ligar a TV no máximo, cantar no chuveiro..., mas onde quer que você vá, lá estão eles. Aí está você.

O Vencer é seu pesadelo, mesmo durante o dia.

E quanto mais você tentar deixar essas coisas escondidas, mais alto e brutais elas ficam, até que você não consiga ver ou ouvir mais nada.

O caos em sua cabeça pode diminuir durante o dia, quando você tem outras coisas para distraí-lo; todas aquelas vozes podem finalmente calar a boca por um tempo. Mas a última coisa que você ouvirá enquanto desaparecem logo ao amanhecer é a risada histérica e o aviso diário: *"Nos vemos hoje à noite."*

Os vencedores anseiam por esse tempo sozinhos no escuro. Essa é a hora de pensar, planejar, se ouvir, falar com aqueles fantasmas na sala e ouvir as respostas. Eles não temem a realidade, não se escondem da verdade e não têm medo de enfrentar suas próprias falhas e fraquezas.

Eles abrem o coração e dão liberdade a todas aquelas emoções e aqueles demônios.

Eu sou conhecido por apertar suas mãos, dar-lhes um abraço, oferecer-lhes um lanche ou bebida forte à noite, enquanto repasso o dia; e rimos pensando quem de nós se saiu pior.

Não existe superpotência maior do que a capacidade de dizer "Eu sou assim". A maioria das pessoas rejeita isso, porque não querem ser julgadas. Os vencedores não se importam. Eles se julgam e vivem com o veredicto.

Pense em quanta energia e tempo você gasta tentando ser alguém ou algo que você não é. Quão longe você estaria se colocasse o mesmo esforço para ser você mesmo? Quando você estiver confiante em quem você é, quando puder parar de se preocupar com o que os outros pensam e finalmente decidir o que você pensa, você compreenderá o alívio e a satisfação de sentir que esses fantasmas se tornaram parte de você. Possivelmente a melhor parte de você.

A maioria das pessoas procura ajuda fora de si. Mudam de emprego, equipe, relacionamento, treinadores, endereços, dietas, rotinas, amigos, penteados... qualquer coisa que possa ajudá-las a reinventar quem são, como se um novo cenário fosse consertar tudo. Como se seus segredos fossem simplesmente desaparecer se ninguém mais soubesse. Elas dizem que mudaram, que não são mais aquela pessoa. Mentira. Você é sempre a mesma pessoa. Você pode mudar seus hábitos, seu ambiente, sua aparência, sua postura... mas ainda é você lá. E quanto mais você lutar contra isso, quanto mais você estiver em guerra consigo mesmo, mais terá de lutar para ter um pouco de paz.

Pare de procurar outras pessoas para salvá-lo. Seus maiores parceiros e aliados já estão dentro de você e estão falando com você o tempo todo. Ouça aqueles fantasmas e aquelas emoções. Junte-se à conversa. Pare de dizer que eles estão errados e abra sua mente para a possibilidade — a verdade — de que eles estão 100% corretos. Deixe-os entrar em sua vida e diga-lhes: *"Vamos fazer isso juntos, eu não posso fazer isso sem vocês."* Você precisa deles. Eles precisam de você. Eles são você e o conhecem melhor do que você mesmo.

Eles são o seu lado sombrio e são o seu maior poder.

De todas as coisas sobre as quais falei em *Implacável,* nenhuma deixou as pessoas mais agitadas do que minha discussão a respeito do lado sombrio.

"Bem no fundo", escrevi, "há uma força inegável conduzindo suas ações, uma parte de você que se recusa a ser comum, que permanece crua e indomada. Não apenas instinto, mas instinto assassino. Do tipo que se mantém no escuro, onde você deseja aquilo de que não pode falar aos outros. E você não se importa como isso vai parecer aos outros, porque você sabe que isso é você, e você não mudaria mesmo que pudesse..."

"Seu lado sombrio é seu combustível, sua energia. Que excita, mantém no limite, recarrega, enche seu tanque... É um vício tão poderoso quanto o seu vício pelo sucesso."

Recebi e-mails. Cartas. Mensagens nas redes sociais. Pedidos de entrevista. Pessoas que vinham até mim em eventos apenas para me puxar de lado e sussurrar: "Eu preciso falar com você sobre essa coisa do lado sombrio."

Nota: o lado sombrio não é "uma" coisa. É *a* coisa.

Eles queriam falar comigo (em particular, porque ninguém quer falar sobre isso publicamente) por um de dois motivos: ou estavam preocupados, porque pensavam que não tinham um lado sombrio, ou estavam aliviados, porque eles tinham um lado sombrio o tempo todo e pensavam ser os únicos.

Nenhuma das duas coisas é verdade.

Para ser claro: quando falamos sobre o lado sombrio, não estamos falando sobre o mal, ou *Star Wars*, ou mau comportamento, ou *Harry Potter* (um dos favoritos de Kobe).

Falamos do que te move. É o lugar a qual você vai em sua mente e que permite deixar todo o resto para trás e se concentrar em uma coisa: Vencer.

Todo o mundo tem um lado sombrio. Mas nem todos podem admitir isso. O CEO de uma corporação multibilionária me pediu para falar com toda a sua empresa e depois subiu ao palco para dizer que realmente não entendia isso de "lado sombrio" (mentira) porque não tinha um (mentira), não tinha segredos (mentira das brabas). Depois disso, pelo menos uma dúzia de seus funcionários veio até mim para dizer que o cara tinha o maior lado sombrio que eles já tinham visto. Isso foi completamente confirmado alguns meses depois, quando foi expulso de sua própria empresa por basicamente permitir que seu lado sombrio levasse a empresa para o vermelho.

O lado sombrio tem de ser controlado, ou controlará você.

Tive a oportunidade de trabalhar com o fundador de uma grande rede de restaurantes, que ofereceu um jantar para mim e cinquenta de seus principais funcionários. Alguém me pediu para falar sobre o lado sombrio e sua relevância para o sucesso dos negócios. Perguntei ao grupo: "Quem tem o maior lado sombrio desta sala?" E cinquenta pessoas olharam imediatamente para seu fundador.

Justiça seja feita, ele riu e aceitou o elogio.

Kobe tinha um lado sombrio que era tão grande, que exigia personalidade própria: o Mamba-Negra. Ele o criou quando estava passando por um momento difícil na vida pessoal e queria um lugar onde pudesse se refugiar mentalmente, onde pudesse continuar a desempenhar o papel profissional no mais alto nível.

Então ele escolheu uma das cobras venenosas mais perigosas do mundo para ser seu alter ego depois de ver o filme *Kill Bill* — que envolvia uma assassina com o codinome *Black Mamba* —, bem como uma cobra mamba-negra de fato que foi usada para matar uma pessoa no filme. Kobe viu isso e pensou: sou eu. Não sei se ele quis dizer o assassino ou a cobra, provavelmente os dois. E foi assim que nasceu o Mamba-Negra.

Quando ele cruzava aquelas linhas da quadra, se tornava aquele assassino mortal, pronto para atacar a qualquer momento, sem hesitação ou medo. Até deixar a arena depois de um jogo, não era mais Kobe, com problemas legais e questões familiares; era o Mamba, e nada poderia tocá-lo. Ele podia deixar o alter ego quando estava com a família, ou, às vezes, quando precisava relaxar, mas assim que chegasse a hora de trabalhar, ele era o Mamba novamente.

Depois que ele falou disso publicamente, não foi surpresa que todos quisessem entender a mentalidade mamba para que pudessem ser como Kobe.

Não é possível.

A mentalidade mamba passa além da descrição. Você pode aprendê-la, pode estudá-la, mas é quase impossível imitá-la. Você tem de vivê-la, senti-la, experimentá-la — não apenas por um dia ou uma semana, mas por anos. É um estilo de vida, não um experimento. Já vi muitos jogadores tentarem atingir esse nível de intensidade e enorme foco. Isso destruiu mais carreiras do que ajudou, porque é muito intensa para administrar e mortal demais para manter. Eu não conheço muitos que conseguiram isso, além do próprio Kobe.

Esse é o poder transformador do lado sombrio. Ele o levará aonde você deseja ir, se você permitir.

Mas tem que vir de dentro de você, pois o lado sombrio é pessoal, vem de cada indivíduo. É o resultado de tudo que você ganhou e perdeu, suas decepções, seus medos, suas realizações.

Seu lado sombrio é uma música que só você pode ouvir, se tiver a coragem de ouvi-la.

Para alguns, sua origem é fácil de identificar: ser cortado do time e comprometer sua vida para se tornar o melhor jogador da história. Perder seu emprego e começar uma empresa rival, que colocará seus concorrentes fora do negócio. Crescer pobre e jurar que nunca mais viverá assim.

Para outros, o lado sombrio é muito profundo e privado. Viver com problemas de saúde. A perda de um ente querido. Sofrer abuso. Crescer sem um dos pais. Ouvir que você nunca será bem-sucedido em nada.

Todo o mundo tem aquela ferida secreta que nunca cura, aquelas emoções das quais não consegue se livrar. Talvez você fosse o garoto gordo que foi provocado, o aluno que mal terminou o ensino médio, a criança com dificuldade de fala que se vergonhava de falar na frente da classe.

Posso dizer: eu era o garoto gordo. Minha mãe, Rattan, adorava nos alimentar, porque, quando você vem da Índia, a comida nem sempre é abundante. Ela e meu pai tinham grande prazer em nos dar comida, porque era algo que eles não tinham quando eram crianças. Eu me aproveitei disso.

E eu não era apenas gordo, também não era atlético. Quando tínhamos que fazer os testes de aptidão física na escola primária, eu não conseguia fazer barra ou flexão. Mas havia uma coisa que eu fazia: abdominais. Eu poderia fazer o dia todo, se me deixassem, só para mostrar que podia. Meu corpo inteiro arderia, mas eu faria aqueles abdominais. Eu não podia pular sobre o cavalo com alças ou me equilibrar nas argolas, mas isso dos abdominais funcionou para mim.

Ainda me lembro de como era ser aquela criança. E se você está se perguntando: tudo mudou no meu primeiro ano do ensino médio. Eu já estava cansado de estar fora de forma e com excesso de peso, estava ouvindo os berros do meu lado sombrio, que queria que eu fizesse alguma coisa a respeito disso. Resolvi jogar basquete e tive um treinador que nos quebrou no meio. Isso, combinado com as duas horas que levava para ir e vir da escola todos os dias, me deixou sem tempo para me sentar, comer e assistir TV; meu novo mundo girava em torno da escola e do basquete. O peso diminuiu rápido, e, de repente, eu era atleta.

Aproximei-me ainda mais de meu lado sombrio alguns anos depois, quando rompi meu ligamento cruzado anterior jogando basquete universitário na Universidade de Illinois, Chicago. Em vez de fazer a cirurgia adequada para consertá-lo — o que significaria perder uma temporada e minha bolsa de estudos —, resolvi apenas limpá-lo para poder voltar logo, usando uma enorme tala de metal. Funcionou em curto prazo, mas me deixou com problemas ortopédicos a vida inteira e garantiu que minha carreira no basquete não durasse muito.

E por isso resolvi dedicar minha vida a ajudar outros atletas, o que deu muito certo.

Mas essas coisas permanecem com a gente. E elas podem ser seu maior combustível, se você decidir usá-las dessa forma.

Se você realmente deseja identificar a origem do seu lado sombrio, tente o seguinte:

Pegue todas as decepções em sua vida — todos que disseram não, todos que zombaram de você, cada emprego que perdeu, cada jogo que perdeu, cada vez que alguém disse que você não era bom o suficiente, cada relacionamento que terminou mal — e imagine todas na sua frente. Basta espalhá-los sobre uma mesa imaginária.

Agora coloque sua mão sobre cada uma delas, reconectando-se mentalmente com a forma como cada uma o fez sentir. Quente... nauseado... gelado... nada... *"Quente até demais."* É essa mesma. Essa decepção é o combustível. Aquele que te queima sem nem te tocar... esse será o combustível do lado sombrio. Essa é a armadura do Homem de Ferro, as pulseiras da Mulher Maravilha, o escudo do Capitão América, a teia do Homem-Aranha, a capa do Super-Homem, o martelo de Thor, a máscara do *Batman*. Isso é o que está impulsionando você e esse é o seu superpoder.

As pessoas têm medo de se aproximar de toda essa mágoa e decepção, porque elas começam a revivê-las e isso raramente é agradável. Mas você deve estar disposto a olhá-la, revivê-la e abraçá-la antes de poder extrair poder daí. Se você não consegue enfrentar a verdade em si mesmo, se não consegue lidar com a parte mais nefasta de seu passado, nunca será capaz de mudar sua história.

Entrar no lado sombrio não se trata de raiva ou vingança, não é um FODA-SE para todos que já te machucaram; isso é uma distração emocional, não combustível. O lado sombrio é foco total e visão em túnel sobre o que está a sua frente, não um milhão de emoções indomáveis a respeito de coisas que aconteceram em sua vida. Essas coisas estão lá, estão sempre com você; no entanto, quando você está buscando uma vitória, todo seu foco precisa estar nelas.

Tom Brady não começou no time principal do colégio, ele teve que batalhar para começar em Michigan e foi a 199ª escolha na 6ª rodada de seu *draft* da *NFL*. Ele disse muitas vezes que nunca se esquece de que foi convocado após seis outros zagueiros. Ele tem uma produtora chamada "199 Productions", apenas para garantir que nunca nos esqueçamos. Mas você pode ter certeza de que, quando ele está competindo em campo, não está pensando nisso e não está falando disso. Ele apenas tem de vencer, e a vingança acontecerá por si mesma.

Você não está tentando provar que os outros estão errados, está provando que você está certo.

Em *Implacável*, falei com profundidade sobre o modo como identificar seu lado sombrio, seu alter ego. Expliquei como controlá-lo e não ter medo dele, como aproveitar seu poder para criar combustível e energia ilimitados.

Neste livro, estamos indo em direção a outro nível. Nós não temos escolha. Porque o Vencer torna o seu lado sombrio ainda mais escuro.

Por quê? Porque, para continuar vencendo, o seu lado sombrio tem que ser cada vez mais forte, até que praticamente não haja luz, não haja sombras; você terá que confiar em si mesmo o suficiente para ir tateando seu caminho pela escuridão. Você precisará de tudo dentro de você para sobreviver à jornada ao Vencer outra vez, e isso significa não recuar. Você está deixando para trás todas as inibições, os sentimentos reprimidos, a autocomplacência, as imagens de todos que disseram que você não sobreviveria. Seus novos companheiros de viagem — as emoções, os fantasmas, os demônios — não são mais seus inimigos, são seus parceiros do lado sombrio. Eles voam apenas de primeira classe, ficam nos melhores hotéis, bebem somente bebidas de primeira e fazem você pagar por tudo, o que você faz com prazer, porque o Vencer vale a pena. Eles estarão lá de qualquer maneira, então você também pode rir junto deles, chorar, ficar chateado, ter aquelas conversas no meio da noite.

Kobe adorava tudo o que tivesse a ver com o lado sombrio. Tínhamos isso em comum, e ele adorava saber que poderia conversar comigo sobre esse assunto. Uma noite, depois de um jogo fora de casa, saímos para tomar uma bebida no bar do hotel e, de alguma forma, começamos a falar de como seria conviver com nosso lado sombrio. Do outro lado do bar, havia dois caras que obviamente reconheceram Kobe, viram duas cadeiras vazias em nossa mesa e vieram perguntar se eles poderiam se juntar a nós. Kobe olhou para mim, olhou para eles e disse: "Estes lugares estão ocupados."

Os caras olharam em volta, um pouco ofendidos, e disseram: "Não há mais ninguém aqui."

"Tem alguém sentado aí", respondi. "Neste segundo."

Tenho certeza de que pensaram que estávamos bêbados e foram embora.

Passe algum tempo com seus parceiros do lado sombrio, seus demônios, suas emoções e seus fantasmas. Eles são os melhores amigos de bebida.

Confie neles para levá-lo até a soleira da porta do Vencer; eles sabem exatamente como chegar lá e irão levá-lo lá, se você permitir.

Porque o Vencer com certeza não está na sua direção.

O Vencer não o encontra no início de sua corrida; odeia multidões. Ele o encontra perto do fim, quando os outros desistem ou fracassam. Até esse ponto, o Vencer não tem interesse. *Avise-me quando estiver falando sério*, diz ele, *"e então conversaremos"*.

TIM S. GROVER

O Vencer apresenta você a si mesmo pela primeira vez. Isso o força a ser honesto em relação a quem você realmente é, o que você realmente deseja e o que está disposto a fazer para consegui-lo. Faz você desafiar seus próprios valores e comprometer seus relacionamentos, promessas e acordos, quando percebe que estão em seu caminho.

Ele espera que seu lado sombrio fique mais obscuro.

O lado sombrio é cuidar de si mesmo; ele protege e satisfaz *somente a você*. O lado mais obscuro permite que você cause impacto e influencie os outros para que criem ação, para que se elevem e acreditem em si mesmos. Essa é a marca registrada de um vencedor: alguém com poder que também fortalece os outros, a maneira como MJ ajudou Kobe ao longo de sua carreira, Kobe ajudou Wade, Wade ajudou LeBron, LeBron ajudou os outros. O verdadeiro poder é compartilhado.

O lado sombrio coloca você no assento do motorista. O lado mais obscuro permite que você dirija do lugar que quiser.

O lado sombrio está em algum lugar que você visita sozinho, em segredo, quando precisa daquele nível extra de poder, força e libertação. Desculpe, outros visitantes não são permitidos. O lado mais obscuro está com você o tempo todo, e você não tem medo de mostrá-lo.

O lado sombrio permite que você use suas habilidades ao máximo. O lado mais obscuro — e isso é fundamental — compensa as habilidades que você não tem.

O lado sombrio diz que não há problema em tomar três bebidas, porque você merece. Seu lado mais obscuro diz para você parar na primeira. Não porque você não aguenta mais, mas porque você não precisa disso.

O lado sombrio vence batalhas. Seu lado mais obscuro vence a guerra.

O lado sombrio deixa você com raiva, com raiva de si mesmo, porque hesitou na vida. O lado mais obscuro percebe que a raiva é um desperdício de energia.

O lado sombrio faz de você um herói. O lado mais obscuro faz de você um vilão. E todo o mundo adora um verdadeiro vilão.

Seu lado sombrio lhe dá o poder e a coragem para dar ao Vencer o que ele deseja. Seu lado mais obscuro permite que você o use.

Quando você é derrubado, seu lado sombrio lhe diz para se levantar e lutar. Mas é o seu lado mais obscuro que lhe diz para ficar abaixado por um tempo, até que você realmente entenda o que deu errado para que possa voltar e se levantar mais forte. *"Lembre-se desse sentimento"*, ele diz a você, *"lembre-se deste campo de batalha gelado e sangrento, porque nunca estaremos aqui novamente"*.

O seu lado mais obscuro é a contagem do boxe, quando o árbitro conta até oito para ver se você continua de pé, e pode durar o tempo de que você precisar... minutos, semanas, talvez anos. Mas quando você se levantar, estará com força total e pronto para lutar.

Seu lado sombrio é o que você quer fazer, o que deseja para si mesmo. Seu lado mais obscuro é pura ação. Ele não quer ouvir o que você está planejando, quer ver o que você faz. Você terá uma ótima temporada. Você escreverá um livro. Você viajará ou pintará ou ganhará US$1 milhão. Maravilha. Mostre-me. Pare de falar disso. Quanto mais obscuro você fica, mais silencioso precisa ser, para que seus resultados possam falar por você.

Seu lado mais obscuro leva você do sonho à realidade. Em vez de se imaginar cantando no palco, você sobe no palco e de fato canta. Você pode ser péssimo, pode ser vaiado no palco,

185

pode receber aplausos de pé, mas algo acontecerá. Você liberou algo dentro de você que diz: *"Ei, eu posso fazer isso!"* E o seu lado mais obscuro dá um tapa na sua nuca e diz: *"Seu fdp idiota, eu venho dizendo isso a sua vida toda!"*

O lado mais obscuro é um clube privado de elite que ninguém conhece. Você não pode se inscrever, mas todo o mundo sabe quem são os outros membros. Você vê aquela outra pessoa chegando e você simplesmente sabe. As trevas veem as trevas, como uma aura invisível que fica com você. Você não pode fingir.

Maior escuridão requer maior isolamento. Os vencedores tomam decisões sozinhos e lidam sozinhos com a reação adversa. Eles se preocupam sozinhos. Eles trabalham sozinhos. E eles se sentem sozinhos, mesmo quando estão cercados por milhões de pessoas.

Se você tem problemas para ficar sozinho, precisamos mudar isso.

Assim como ser "egoísta", estar "sozinho" é uma condição poderosa que tem uma péssima reputação.

Todos os grandes com quem trabalhei — MJ, Kobe, Dwyane, Scottie, Charles, Hakeem e tantos outros — compreenderam o poder do isolamento. Não apenas porque se saíssem em lugares públicos poderiam causar um problema de segurança, mas como um estado mental. Não importa quantos fãs e câmeras os seguissem — independentemente de quantos sempre estivessem assistindo a cada movimento deles —, eles sabiam que uma grande parte do sucesso era a capacidade de estar mentalmente sozinhos.

O mesmo vale para os executivos e empreendedores com quem trabalho; cada um tem um método para criar espaço e silêncio ao seu redor. A executiva de seguros que começa o dia antes de a própria família acordar, então tem algumas horas para pensar e planejar sem interrupções... o CEO da indústria farmacêutica que construiu uma academia particular para si mesmo para poder se exercitar na solidão completa... o produtor musical que aprendeu a pilotar seu próprio avião para poder "sair voado"... Todos eles anseiam por silêncio e solidão. Essa é a hora de pensar, planejar, escapar do barulho, do caos e das exigências do mundo exterior.

Vencer ensina a se isolar. Porque ninguém pode entender aquilo pelo que você está passando.

Como eu disse no início desta discussão: os vencedores anseiam por um tempo sozinhos no escuro.

Para Michael, a solidão lhe deu uma pausa em sua própria busca implacável pela perfeição e excelência em tudo que fazia, assim como as inúmeras pessoas que tentavam se aproximar dele, falar com ele e apenas olhá-lo. O isolamento fez tudo isso ir embora, mesmo que somente por um breve período.

Se isso parece bom para você, se você realmente quer algum tempo sozinho, longe de tudo e de todos, tente algum dia; não apenas por um ou dois dias, mas por semanas e meses.

Todos pensam que podem ficar sozinhos até a hora de ficarem sozinhos.

Aqueles que podem fazer isso têm o lado sombrio mais forte do que se possa imaginar. Seus segredos são seus companheiros, seu sistema de apoio.

Porque, não importa quantas pessoas contribuirão para suas vitórias, no final, tudo gira em torno de você. Sua preparação. Sua confiança. Seu comprometimento. Seu controle das próprias emoções. Sua parceria com as vozes em sua cabeça.

Se alguma dessas coisas vacilar, provavelmente você também o fará.

Pare de mentir para si mesmo a respeito de quem você é e por que você é assim. Esse é o seu combustível, não algo a esconder. Você não pode vencer até que se aceite como é.

#1.

<u>VENCER NUNCA MENTE</u>

Alguns anos atrás, fui procurado pelos pais de um *superstar* novato que queriam que eu trabalhasse com o filho deles. Ele tinha tudo a seu favor: escolhido pelos grandes no *draft*, contrato muito bom, ótimo patrocínio para os tênis, muito apoio.

Um problema: seu desempenho era, na melhor das hipóteses, medíocre, seu time estava perdendo, e as pessoas estavam começando a usar a palavra com F. Fracasso.

Acho que eram três problemas, com mais por vir. Quando você não está ganhando, esses problemas começam a se acumular rapidamente.

O garoto tinha talento, mas não o estava materializando em resultados. Ele era o primeiro na quadra do time todos os dias, malhando de madrugada e postando em suas redes sociais. Ele tinha uma namorada bonita, dois cachorros fofos. Carregava uma Bíblia. Participou de mais eventos comunitários e caridade do que qualquer outra pessoa da equipe e também postou isso tudo. Sua família me disse que ele seria o próximo Muhammad Ali, mudando o mundo e se tornando o maior a praticar seu esporte.

Se ele pudesse apenas vencer.

TIM S. GROVER

Então me encontrei com ele, e começamos a conversar. Dizia todas as coisas certas: *"Eu só quero vencer. Terei minha melhor temporada de todos os tempos. Esta equipe pode fazer grandes coisas. Eu farei tudo o que você me disser."* Todo o besteirol padronizado que parece correto mas não significa nada, a menos que você tenha lastro para ele.

Eu queria tanto ouvi-lo dizer: estou zoado. Estou confuso. E eu não sei o que fazer.

Eu não consigo consertar perfeição. Mas eu consigo consertar o que está zoado.

Depois de meia hora fazendo perguntas diretas e obtendo respostas fracas, mudei o rumo da conversa.

"Vá para casa", eu disse a ele. "Nós vamos nos encontrar novamente amanhã, e aqui está o que eu preciso que você faça antes disso."

A tarefa era: vá se sentar em algum lugar sozinho — sem família, sem agentes, companheiros de time ou amigos — e pergunte-se: o que é real e o que é falso? Você está saudável? Você está assustado? Você está bravo com alguém? Anote tudo. Faça uma lista completa. Mas você precisa descobrir o que é verdade e o que é fingimento, porque alguma coisa o está atrapalhando.

Achei que havia 50% de chance de ele voltar e 10% cento de chance de ele voltar com uma lista. Mas lá estava ele no dia seguinte, com notas que havia digitado em seu telefone, e estava abalado.

Tudo era falso. Ele não confiava nas pessoas ao seu redor. Ele não confiava no time. Ele não confiava em si mesmo. Ele duvidou da própria habilidade. Ele fumava maconha e tinha medo de ser pego. Ele tinha vários relacionamentos e temia que todas essas mulheres em sua vida descobrissem umas sobre as outras. Ele estava preocupado em decepcionar a família e arruinar a própria imagem. Ele tinha tantas coisas na cabeça e na vida, que não sei nem como se lembrava de amarrar os sapatos.

Eu disse a ele a coisa mais verdadeira que sei, e talvez você tenha me ouvido dizer: "Para ter o que você realmente quer, você primeiro deve ser quem você realmente é."

Como você pode ter algum grau de clareza mental com todo esse caos na cabeça?

E começamos a trabalhar. Por mais que trabalhássemos em seu corpo e em seu jogo, trabalhamos para remover parte do lixo mental que havia acumulado, flexionando seu músculo EPMF para que pudesse parar de se sentir culpado e "mal" a respeito de tudo e limpar sua mente das mentiras que estava contando a si mesmo e aos outros.

No início, seu desempenho piorou; estava se esforçando tanto para não pensar em todas as coisas de que estava se livrando, que, por um tempo, não conseguia pensar em mais nada. Mas estava determinado a superar tudo, e quando o ouvi dizer a seus pais que não queria ser Muhammad Ali e sim ele mesmo, eu sabia que havíamos progredido. E seu desempenho refletiu isso também.

O Vencer sabe a verdade. E você precisa admitir. Você pode fingir muitas coisas. Você pode fingir ser feliz, pode fingir ser bem-sucedido, pode fingir ter um ótimo relacionamento, pode fingir confiança, conhecimento e quase tudo o mais. Mas você não pode fingir para o Vencer.

Porque, mesmo que possa enganar absolutamente todo o mundo... *você* ainda sabe a verdade.

O Vencer é absoluto. Há um placar, um cifrão, uma nota, um número na escala. Mesmo quando sua vitória não é medida pelos números — voltando de uma lesão, começando um novo negócio, tendo uma conversa difícil, conseguindo uma promoção, tirando férias pela primeira vez em anos, diminuindo o tamanho das roupas —, há algo tangível que mede seu resultado. Não importa o quão duro você trabalhou, quantas horas passou na academia ou no escritório, quão talentoso é, como você se sacrificou. Você ganhou?

Temos tantas maneiras de mentir para nós mesmos! *"O placar foi mais apertado do que pareceu. O jogo estava mais próximo do que o placar. O time não é tão ruim quanto pareceu. Conseguimos algumas coisas boas. Estamos indo na direção certa. Este é o nosso ano."*

Não. O placar é o placar. O valor no balanço da empresa é o valor. Sua nota é sua nota. A escala é precisa. Você tirou as férias ou ficou em casa falando disso.

Para muitas pessoas, é mais fácil fingir sucesso do que alcançá-lo. Toda a sua energia é canalizada para parecer um vencedor, em vez de fazer o trabalho para de fato ser um vencedor.

Eu vejo atletas que começam cada temporada falando do modo como nunca estiveram mais saudáveis, estão na academia todos os dias às 4h da manhã, esta foi a melhor época fora da temporada de todas, esses são os melhores companheiros de equipe desde sempre, nós vamos ganhar tudo. E quando não ganham, eles são os primeiros caras a falar como ganharão na próxima temporada.

Pare de falar. Quando você conquista algo, o Vencer falará tudo que você fala por si.

Tenho certeza de que você conhece pessoas que se gabam de acordar às 4h da manhã, como se essa fosse a marca registrada do sucesso. Para alguns, pode ser; eles usam esse tempo de forma consistente para serem produtivos e focados, e isso é uma forma marcante da rotina para o Vencer.

VENCER: A CORRIDA IMPLACÁVEL PELA EXCELÊNCIA

Mas, para muitos, é apenas mais uma oportunidade de tirar uma foto para as redes sociais. "Vamos conseguir!" "Tenho que vencer o sol!" "É assim que você derrota a competição!" Honestamente, toda vez que ouço isso, penso duas coisas: ou essas pessoas precisam encontrar alguém que as faça querer ficar na cama um pouco mais, ou estão fugindo de algo — provavelmente, elas mesmas — e precisam sair da cama o mais cedo possível para que parem de olhar para o teto pensando em todas as preocupações e medos, em tudo o que estão simulando. De qualquer forma, quando você acorda antes do amanhecer e a primeira coisa que faz é postar um vídeo do alarme tocando às 4h23, não se trata de se concentrar no dia, e sim se concentrar nos outros e como pode impressioná-los.

Todos os dias, recebo mensagens e e-mails de pessoas — não de clientes, são pessoas comuns que geralmente não conheço —, que enviam vídeos e fotos trabalhando às 4h da manhã. Não tenho ideia do porquê. Imagino que estejam querendo os parabéns e um "Muito bem!" Mas, honestamente, quem se importa se você está na academia às 4h ou 16h ou em qualquer outro momento? Você conseguiu algum resultado? Você está alcançando algo? Diga-me o que você conquistou e como isso o está ajudando a vencer. Até isso acontecer, minha vontade é só dizer para dormirem mais.

Como a privação de sono se tornou um símbolo de ambição? Quando "descansar" se tornou equivalente a "preguiçoso"? Como "muito ocupado" se tornou um sinal de importância? Se você não consegue dormir o suficiente, não é uma virtude; é uma fraqueza que mostra que não está fazendo o suficiente durante o dia. Às vezes, sim, você perderá o sono em troca de uma vitória. Mas, como um estilo de vida, como uma forma de mostrar o quão importante e ocupado é, você acaba parecendo um desmiolado que não consegue organizar a própria vida.

O Vencer expõe você em todos os sentidos. Cada mentira que você disse a si mesmo e aos outros, tudo que você fingiu e ostentou... O Vencer expõe tudo isso debaixo da luz mais brilhante, para que todos possam ver. Ele arranca sua máscara e mostra a todos o que você sabia o tempo todo: não é bem assim. Você não ganhou nada ainda.

Se "finja até que atinja" é a sua estratégia para o sucesso, você tem muito poucas chances de conseguir. Você se sente bem em exibir uma casa enorme ou um carro que realmente não tem ou não pode pagar? Se você está realmente ajudando outras pessoas e fazendo coisas boas no mundo, as outras pessoas falam dos resultados, ou você é o único que está falando? Você está orgulhoso dos milhões de seguidores falsos que adquiriu? Isso pode ajudá-lo a começar, mas se você não puder logo manter tudo que disse, é apenas uma farsa que não fez nada.

Especialmente se você está começando a acreditar no que está vendendo para todo o mundo.

Você já sabe que está fingindo para os outros. Você sabe o que está fingindo para si mesmo? Você é honesto em relação ao seu esforço e comprometimento? Você está aparecendo nos lugares, não apenas fisicamente, mas 100%, mentalmente?

Uma das piores expressões "motivacionais" de todos os tempos: "Aparecer é metade da batalha."

Não. Aparecer *não* é parte da batalha. Se é uma batalha para você simplesmente aparecer, você está tão longe do Vencer, que não o encontrará nem com GPS e uma matilha de cães farejadores.

O Vencer exige que você apareça com propósito, intenção e disciplina. Quando alguém diz "Aparecer é metade da batalha", você está olhando para um indivíduo que já está perdendo essa batalha.

Não estou nem falando sobre se arrastar para o treino, as aulas ou o trabalho; se isso é sempre uma luta para você, então você está lidando com problemas básicos que não têm nada a ver com o Vencer.

Estou falando de estar mentalmente envolvido e focado no que você está fazendo — não em metade do tempo, mas o tempo todo.

Por quê? Porque o Vencer aparecerá. Está aparecendo hoje, amanhã e todos os dias depois disso. Ele aparece independentemente do mau humor, das más notícias e do mau tempo, não se importa com o que mais está acontecendo. Não é necessário decidir se aparece com 40% ou 90%. Não importa se você aparecer, porque você é dispensável; se você não consegue reunir o desejo e a energia para fazer acontecer, outra pessoa o fará.

O Vencer aparece pronto para jogar. Sua obrigação é encontrá-lo lá e deixar suas desculpas idiotas para trás: *"Não é o momento certo. Eu preciso pensar nisso. Eu não estou pronto. Pode chover. É muito caro. As coisas estão muito tensas em casa."*

O Vencer não se importa com aquilo com que você está lidando; não importa quais desculpas você pode inventar. Ele não quer ouvir o que o impediu e por quê. O Vencer não se quer saber se você teve um dia ruim, se as coisas estão difíceis em casa. Ele espera que você apareça e lide com seus problemas conforme seu próprio tempo.

O Vencer adora uma boa tempestade só para ver como você lidará com os ventos fortes, a chuva congelante e o calor escaldante, tudo de uma vez; porque essa tempestade não está lá fora, na rua, está na sua cabeça. O sol pode estar brilhando e você estar perdido em uma nevasca mental.

Mas você ainda tem que aparecer.

Quantas vezes você nem mesmo apareceu porque ninguém concordava com o que você estava fazendo? O que você deixou de fazer por não conseguir encontrar um parceiro e não querer fazer sozinho? Cada desculpa que você inventa, cada vez que você aparece no meio do caminho ou não aparece, você está cada vez mais longe do que está buscando.

Aparecer está sob seu controle, em todos os sentidos. Significa estar presente — física e mentalmente — quando você preferia estar fazendo outra coisa. Colocar seus objetivos de longo prazo à frente dos prazeres de curto prazo e controlar esses prazeres para o longo prazo. Permanecer na corrida quando estiver sofrendo e lutando. Porque um dia você não poderá mais aparecer, e não será sua escolha.

Aparecer é saber que a vida que nos foi dada é temporária. O amanhã está aqui de forma permanente. O Vencer também. Nós não.

Aparecer significa saber que você tem *este* momento e não se preocupar com o ontem, porque o ontem não se preocupa com você e não está vindo te procurar hoje.

Aparecer é aceitar que todos lutam e perceber que "todos" significa você, porque, se ninguém mais aparecer, ainda é sua responsabilidade.

Aparecer é saber que o dia que você está prestes a ter não é o dia que você planejou. Poucos, de fato, são.

Aparecer significa que provavelmente você aparecerá sozinho e prefere que seja assim.

E, acima de tudo, significa enfrentar a realidade e aceitar a verdade a respeito de onde você está na própria vida — porque o Vencer nunca mente.

Mas a maioria das pessoas mente.

Você pode não mentir sua idade, seu peso, onde foi ontem à noite ou quantos doces comeu; mas, até certo ponto, todos nós mentimos para nós mesmos sobre alguma coisa.

Não é minha função dizer no que você está mentindo para si mesmo, mas provavelmente você já sabe. E até que possa parar de besteira e começar a lidar com a própria realidade, ficará preso exatamente onde está, fingindo que é um bom vinho quando todos pensam que você é uma rolha.

Estou falando com pessoas que pensam em si mesmas como Ferraris quando todo mundo as vê como patinetes. Elas usam sapatos Gucci mas têm US$10 no bolso até o dia do próximo pagamento. Elas se vestem com Armani e contam história atrás de história sobre os grandes negócios que intermediaram, sem mencionar que esses negócios, em particular, foram fechados há dez anos. Elas vêm tentando perder os mesmos quatro quilos por uma década.

E a maior mentira de todas: "Tenho muito tempo." Você não tem. Nenhum de nós tem.

O Vencer não engole suas mentiras. Não está impressionado. Você pode contar às pessoas e mostrar a elas o que você quiser. O Vencer sabe. E acha que você é ridículo.

Você pode estar brigando, suando e manipulando para ficar na superfície. Mas ser uma fraude não ajudará você a ter sucesso. A mentira uma hora acaba. Suas inconsistências aparecerão. E você perceberá — tarde demais — que toda a energia que investiu em sua imagem falsa foi gasta na coisa errada.

Eu costumava ter um grande programa de estágio (não dirijo um agora, então não pergunte) e tenho orgulho de dizer que, hoje, muitos dos indivíduos que trabalharam para mim estão entre os melhores treinadores e técnicos do mundo na *NBA, NFL, MLB, NHL,* esportes universitários e até mesmo em

Hollywood. Meus melhores estagiários eram os caras que chegavam cedo, ficavam até tarde, pegavam as toalhas e faziam coisas sem serem solicitados ou mandados. Eles chegaram sem moradia, sem outras obrigações, sem motivo algum além do desejo sincero de aprender e contribuir. Por outro lado, tivemos caras que ficaram *impressionados*. Impressionados com eles próprios, impressionados por estarem perto dos atletas, impressionados por quem eles conheciam e como poderiam usar isso tudo. Eles só podiam ficar uma semana porque tinham férias planejadas. Eles precisavam que fornecêssemos moradia (nós não tínhamos isso). Eles queriam negociar o valor que receberiam.

Eu fazia uma pergunta, e eles respondiam: "Acho que sim." Você acha? Não preciso que você ache nada, posso achar sozinho. Eu preciso que você se importe o suficiente para que já saiba. Você fica olhando para aquele telefone o dia todo — você pode usá-lo para encontrar as respostas de que preciso? Eu queria pegar alguns desses moleques, sacudi-los e poder dizer: "Você está aqui para contribuir ou para ver o que pode extrair disso? Você está me dizendo de que você precisa, mas o que está disposto a dar? Não me diga que você quer 'aprender a pensar' ou que pode de fato aprender comigo. Eu *sei* disso. O que posso aprender com você? E como meus clientes podem se beneficiar do fato que eu deixei você entrar?"

Aqueles que ficaram conosco sabiam exatamente o que queriam. Eles não estavam atrás de dinheiro ou pela emoção de estar perto das estrelas. Eles não estavam pesando suas opções ou decidindo se o trabalho árduo e as longas horas "valiam a pena". Eles não estavam procurando por um Plano B. Eles já estavam vivendo seu Plano A.

VENCER: A CORRIDA IMPLACÁVEL PELA EXCELÊNCIA

Quando você leva a sério o Vencer, todo plano deve ser o Plano A. Você não pode se dar ao luxo de mentir para si mesmo sobre todas as suas outras opções. Elas nem sequer existem.

Há alguns anos, palestrei durante um programa de futebol universitário e pedi aos jogadores que compartilhassem o que passava pela cabeça deles na noite anterior a um grande jogo. Cada um falava em visualizar as jogadas, entrar no clima, se preparar para a batalha ao lado dos irmãos. Clichês típicos de conversas antes do jogo.

Então, um jovem falou, e nunca me esquecerei do que disse a seus companheiros: "Rezo para não errar", disse ele, "porque isso é tudo o que tenho. Não tenho outra opção, preciso ir para as profissionais. As pessoas estão contando comigo. *Eu estou* contando comigo".

Ele não estava pensando em um plano de backup — ele não estava considerando um Plano B. Ele viveu e trabalhou todos os dias para ter certeza de que não precisaria de um Plano B. Ele não precisava. Ele foi convocado na primeira rodada e passou para seu próximo Plano A — como titular na *NFL*.

É assim que os vencedores fazem.

Muitas opções = muitas desculpas, muitas maneiras de ficar pelo caminho. *"Devo fazer isso? Ou aquilo? Talvez seja melhor? O que você acha?"* Você está tão ocupado criando opções, que não consegue tomar uma decisão. É uma escolha simples: você pode falhar ou pode ter sucesso. Escolha um deles. É isso.

Tenho um cliente que tem várias concessionárias de automóveis, gosta de boa comida, um bom vinho e também luta para manter o peso sob controle. Quando ele sai para jantar, me envia fotos dos menus. "Posso escolher isso?", ele pergunta. Ele sabe que não deve começar com "Posso substituir isso ou mudar aquilo?" Ele está perguntando, claro e simples, o que pode comer. Preparado como? Dou-lhe uma resposta e não negocio. Se você quer perder peso, aqui está o que você deve fazer. Você não precisa do peixe com crosta de amêndoa com molho chique; você pode ter simples peixes grelhados. Nada de doces. Sem frutas por enquanto. "Bananas?", ele pergunta. Respiro fundo e respondo: "Eu acabei de dizer 'sem frutas'. Perca um pouco de peso e então falaremos de bananas."

Quando começamos juntos, ele disse: "Gostaria de ter mais opções."

"Você quer opções?", eu perguntei. "Ok. Você tem a opção de perder ou ganhar peso. Escolha."

Quanto mais opções você tiver, menor será a probabilidade de obter o resultado desejado. Você já sabe o que fazer e então decide ser criativo e começar a "ajustar". Eu odeio ajustes. Ajustar significa apenas: *"Deixe-me ver como posso trapacear um pouco aqui ou ali, tornar um pouco mais fácil, dar a mim mesmo uma saída. Já tinha a resposta certa, mas deixe-me ver como posso estragar tudo."*

Os grandes não estão pedindo opções. Eles já sabem o que devem escolher: vencer ou não vencer.

Eu não sou inflexível. Se houver espaço para adaptar e um motivo para fazer pequenas mudanças, nós faremos. Mas estar cansado de peixe grelhado não será o motivo.

Para meus atletas, seguir o Plano A pode envolver tudo, desde a frequência com que precisam tomar um banho de gelo até quando e o que podem beber. Eu vivo no mundo real, não estou dizendo aos adultos que não podem beber. Mas eu faço perguntas que exigem que tomem uma posição: você pode beber a tequila transparente em vez da tequila marrom? Você pode deixar de lado os *drinks* elaborados? Sim? Ok. Quanto

VENCER: A CORRIDA IMPLACÁVEL PELA EXCELÊNCIA

melhor o jogador, mais latitude haverá para variações, porque suas habilidades compensarão esse tipo de indulgências. A maioria dos jogadores não é assim.

Funciona da mesma forma no mundo dos negócios, com chefes que desejam fazer seus funcionários felizes. Hoje em dia, palestro para muitas empresas que desejam que suas equipes desenvolvam uma mentalidade vencedora. Querem que seu pessoal seja duro, focado e motivado, mas de alguma forma se sentem obrigados a encher a equipe com todas as vantagens e opções possíveis para que todos fiquem felizes. Eu entendo o benefício de criar um certo tipo de cultura, mas que seja uma cultura que recompensa o sucesso, não a necessidade de vantagens. Se seu pessoal está aparecendo principalmente porque você tem uma quadra de basquete e docinhos grátis às sextas-feiras, você está com as pessoas erradas ao seu redor.

Aqui está minha sugestão para cada equipe, organização e negócio que deseja manter as pessoas honestas e responsáveis: crie um Departamento QPÉE — "Que porra é essa?". O Departamento QPÉE funciona como o detector interno de besteira, com autoridade total para substituir a gestão e o RH, além de colocar as pessoas em xeque por tudo o que estão fingindo. Um funcionário está reclamando para todos que merece um aumento e promoção, mas suas vendas são as mais baixas da equipe? QPÉE apontará isso. Alguém está chateado porque não recebeu um tapinha nas costas por fazer algo que é do dever? QPÉE está lá para lembrá-lo: *Você já deveria fazer isso, é o seu trabalho.* O chefe passa a maior parte do dia de trabalho fazendo vídeos no *TikTok?* QPÉE passará por lá.

Seja seu próprio Departamento QPÉE. Considere-se responsável. Se você não está vencendo, se vai para a cama todas as noites e acorda no dia seguinte com a esperança de que as coisas melhorarão, se está gastando mais tempo criando uma falsa imagem de si mesmo como vencedor do que investindo em maneiras de não continuar sendo um perdedor, é hora de beber a poção da verdade. Terá um sabor muito amargo, mas valerá a pena.

Porque há uma longa corrida pela frente, sem fim à vista.

1.
VENCER NÃO É UMA MARATONA, É UMA ARRANCADA SEM LINHA DE CHEGADA

No início deste livro, falamos da "linguagem para vencer" e algumas das expressões idiotas que nada significam, te atrasam e acabam te tirando da corrida. Eu guardei, propositalmente, um desses clichês até agora, porque é tão equivocado, que está merecendo seu próprio capítulo.

"É uma maratona, não uma arrancada!"

Pare.

Tenho certeza de que isso significa algo para alguma pessoa, porque as pessoas usam isso o tempo todo para identificar, dramaticamente, uma jornada de longo prazo desafiadora ou uma missão prolongada que requer muita paciência.

Para mim, demonstra procrastinação, incerteza e uma total falta de foco.

Pessoal, vocês não têm muito tempo.

Se você quer vencer, uma maratona *é* uma arrancada.

Você quer debater isso comigo? Primeiro faça o seguinte: suba em uma esteira e tente correr dois quilômetros em menos de cinco minutos.

Esse ritmo é mais lento do que o dos maratonistas de elite, mas é próximo o suficiente para deixar claro o que quero dizer. Eles fazem isso por 42 quilômetros. Estou pedindo só por 2.

Depois, volte e me diga se foi uma maratona ou uma arrancada, isso se você ainda conseguir se levantar e respirar.

Entende o que quero dizer? Os bons maratonistas se esforçam pelo caminho inteiro. Em nenhum momento eles dizem: "Sou um maratonista, posso demorar aqui." Eles podem mudar de velocidade ao longo do caminho, mas para vencer uma maratona, para até mesmo terminar próximo dos primeiros, se esforçam por 42 quilômetros.

E sim, você pode terminar uma maratona sem nunca correr, você pode seguir seu próprio ritmo, e, ainda assim, é um grande feito. Mas estamos falando do Vencer aqui, não apenas de terminar.

Todo time chega ao fim da temporada. Apenas um ganha o título.

Quando as pessoas usam o clichê "maratona/arrancada", geralmente estão tentando dizer: *"Controle seu ritmo, você tem um longo caminho a percorrer."* Isso pode até ser verdade, mas provavelmente só estão racionalizando uma desculpa. *"Desacelere. Qual é a pressa? Não precisa se apressar. Não exagere."*

Normalmente, as pessoas que usam essa frase nunca correram uma corrida de qualquer tipo, e certamente não uma maratona. Elas querem que você vá tão devagar quanto elas, para que possam se sentir melhor em relação à própria ausência de progresso.

E enquanto elas estão sem pressa, indo devagar, andando por aquela longa maratona, outra pessoa simplesmente passou correndo por elas e agarrou o sonho que era delas.

VENCER: A CORRIDA IMPLACÁVEL PELA EXCELÊNCIA

Não importa a distância, você tem que tratar cada passo como se fosse o mais importante, porque é. Em uma corrida real, você não pode se dar ao luxo de parar para se hidratar por cinco minutos. Você corre perto de onde tem água, pega um copo enquanto continua e segue em frente.

O que diabos significa quando as pessoas dizem "É o caminho, não o destino"? Se você não se preocupa com o destino, por que fazer a viagem? Só para vagar, sonhando com o que pode acontecer se chegar a algum lugar? Você não corre pelo caminho, você corre pelo destino.

O que quer que você esteja buscando na vida, não é uma opção se sentar, descansar alguns dias, pensar a respeito por um mês e ver como você se sente depois de um ano. Significa fazer isso de forma constante, com propósito e foco, do início ao fim. E quando você chegar ao final, já deve ver o próximo ponto de partida a sua frente. É assim que uma maratona se torna uma série de arrancadas.

O Vencer tem todo o tempo do mundo. Você não. Tecnologia, ciência, comunicação, transporte, tudo em nosso mundo está se movendo mais rápido, e não é suficiente só acompanhar; você tem que seguir na frente.

Talvez tenha ouvido outras expressões idiotas com o mesmo espírito: "Roma não foi construída em um dia!"

Não, não foi. Foi construída todos os dias, durante milhares e milhares de dias.

É assim que campeões e grandes competidores vencem. Eles entregam resultados todos os dias durante milhares e milhares de dias.

Que tal este: "É só um jogo." Se isso de alguma forma o faz se sentir melhor depois de uma derrota, você não merece ganhar. É "só um jogo"... até perder os *playoffs* ou perder a temporada por apenas um jogo.

Só um jogo... Só uma reunião... Só uma ideia... Só um erro.

Traduzindo: *"Não importa tanto assim. Ainda tenho muito tempo."*

Não, você não tem.

Retire aquela pequena palavra "só" e todo o significado muda.

É um jogo. *Não vai ter volta. Era importante.*

É uma reunião. *Se outras pessoas estão reservando um tempo para participar, contribua com algo de valor.*

É uma ideia. *Trabalhe-a, não hesite e não a ignore.*

É um erro. *Admita. Entenda. Não repita.*

A corrida implacável para o Vencer não permite a mordomia dos atalhos e da procrastinação. Ele quer ver você correndo.

Kobe correu pela vida como nenhum outro que conheci.

Ele não tinha hobbies ou distrações. Não jogava golfe, não saía com os amigos, não ia a festas. Vez ou outra, decidia ver um filme e alugava o cinema inteiro, para que pudesse levar um pequeno grupo de amigos ou familiares e assistir a sessão particular, geralmente duas sessões seguidas. Caso contrário, estava treinando. Praticava. Ele estudou cinema. Além de sua linda família, que era sua principal prioridade fora do basquete, todo seu foco estava centrado em uma só obsessão: o Vencer.

Por vinte anos na *NBA*, Kobe arrancou de temporada em temporada, jogo a jogo, trimestre a trimestre. Ele nunca diminuiu o ritmo e não conseguia compreender quem diminuía. Ouvia que um grupo de jogadores ia a um show, uma festa ou outro evento esportivo e raramente se juntava a eles. *"Vá em frente"*, pensava ele. *"Eu ficarei bem aqui fazendo o que faço."*

VENCER: A CORRIDA IMPLACÁVEL PELA EXCELÊNCIA

Essa era a sua hora de se elevar, de fazer o trabalho que os outros não estavam fazendo. Ele acreditava que o trabalho extra acrescentava anos de vantagem e experiência ao seu conjunto de habilidades.

Ele não tinha paciência para esperar ou recomeçar. Ele começava e terminava as temporadas da mesma maneira: correndo em direção a outro campeonato.

Mesmo quando se aposentou, em 2016, manteve o ritmo — com novas obsessões — e teve mais vitórias em seus 41 anos do que a maioria das pessoas poderia realizar em mais de uma vida. Uma vida notável, com conquistas notáveis. O que levou muitos a se perguntarem: como foi capaz de realizar tanto no tempo que lhe foi concedido?

A arma secreta de Kobe: tinha a capacidade inabalável de se concentrar no que estava fazendo, pelo tempo que precisasse, até obter os resultados desejados.

A maioria das pessoas se preocupa com o tempo que algo vai demorar. Os vencedores continuam até que termine.

Kobe não media o tempo; não se importava com quanto tempo levaria ou o que mais teria que fazer. Ele só se preocupava se isso contribuiria com os resultados. Não importava se estávamos na academia às 3h da manhã ou às 3h da tarde. Ele não sabia quantos anos poderia jogar, apenas sabia quantos campeonatos queria. Ele não tinha um cronograma para escrever um livro *best-seller* ou produzir um filme vencedor do Oscar, só queria fazer. *Naquele momento.*

Você não pode atingir esse nível de sucesso se perguntando quanto tempo tem. Você só pode se concentrar nos resultados e continuar correndo em direção à excelência até ser forçado a parar.

Somente a morte fez Kobe parar.

Nas palavras do grande amigo e mentor de Kobe, Michael Jordan: *"Nunca perdi um jogo. Só meu tempo que acabou."*

A maioria das pessoas nunca pensa que o tempo acabará. Elas olham para a frente e veem dias, meses e anos com datas vazias no calendário e presumem que têm muito tempo para preenchê-las.

O sucesso de Kobe não foi o resultado de gerenciar seu tempo.

Foi o resultado de seu foco implacável nos resultados.

Nós permitimos que o tempo dite muitas de nossas decisões. *"Quanto tempo vai demorar? Quando é o prazo? Quanto tempo devo dedicar? É tarde, preciso parar. A que horas isso acaba?"*

Pare de gerenciar o tempo e comece a gerenciar seu foco.

O Vencer não liga se você tem tempo. Ele espera que você encontre tempo, porque nada é mais importante.

Alcançar seu sonho é gerenciar resultados, não gerenciar o relógio.

Sei que há inúmeros livros, especialistas e teorias tratando do gerenciamento de tempo. Eu entendo o valor de criar um cronograma, organizar e combater a procrastinação. É uma ótima forma de disciplina.

Claro, se você fosse mais focado, não estaria procrastinando e já seria disciplinado.

O tempo é invicto. Não importa o que você faça, ele durará mais do que você, é mais esperto e te paralisa, se você deixar.

Você não pode controlá-lo. Mas você pode controlar o domínio dele sobre você... por meio do controle de seu foco no resultado final.

Pense nisto: você está trabalhando em algo que deve ser concluído até o final do dia. Você sente a pressão. Você está observando o relógio. Uma voz na sua cabeça fica dizendo: *"Vamos,*

vamos, por que está demorando tanto?" Você tem quatro horas restantes. Da próxima vez que olhar, terá três horas restantes. Você recebeu sete e-mails perguntando quando termina. Faltam duas horas, e você não está nem perto de terminar. Você se levanta, vai ao banheiro, faz um lanche, verifica o telefone de novo. Tique, tique, tique... Você está estressado e distraído. Com uma hora apenas, você está correndo, cometendo erros e procurando atalhos. Você sabe que não é o seu melhor trabalho. Pode ser o seu pior trabalho de todos os tempos.

Mas você fez "no prazo". Parabéns!

Como teria acontecido isso se você estivesse focado no trabalho, em vez de em quanto tempo estava levando?

O Vencer requer resultados. E os resultados exigem foco.

Desligue seu celular. Desligue a televisão. Feche sua porta. Você não precisa perguntar a oito pessoas o que deve fazer. Agora é só você e o trabalho. Sem distrações, sem relógio. Concentre-se no que você está fazendo, não no que está perdendo. Você controla tudo.

E quando terminar, terá alcançado os resultados na metade do tempo e com o dobro de qualidade.

É fácil? Não. O Vencer nunca é. Mas aqueles que podem dominar esse tipo de foco se separam de todos os outros na corrida.

Você pode treinar, inclusive. Comece a treinar para experimentar como o foco de fato é. Exercício simples: faça algo com a mão esquerda, se for destro, com a direita, se for canhoto. Coma, escreva, jogue uma bola, balance um taco, escove os dentes. Algo que você faz o tempo todo, que é totalmente automático, com sua mão dominante. Você não tem que pensar na mecânica de escovar os dentes, não requer foco. Mas tente com a outra mão... é estranho e desconfortável, requer grande concentração para fazer as coisas. Você está lutando contra

TIM S. GROVER

seu cérebro para fazer essa tarefa simples. Você pode fazer isso por trinta segundos? Um minuto? Você pode ir mais longe? Não estou comparando empunhar sua escova de dente a arrancar para uma maratona, mas se você não pode controlar nem algo simples como aquilo, como fará isto?

Esta é outra maneira de treinar sua mente: conte somando, não subtraindo. O tempo força você a fazer uma contagem regressiva até o final: *"5... 4... Eu tenho muito o que fazer.... 3.... preciso me apressar, estou ficando sem tempo... 2... Eu não vou conseguir...1. O tempo acabou. Já era."*

O foco faz uma contagem progressiva. Os números são infinitos e o relógio nunca se esgota. *"1... 2... Aqui está o que vem pela frente para alcançar a meta... 3... Vamos começar... 4... Pare a contagem e trabalhe."*

Não se trata do tempo que resta, mas de quanto você ainda pode fazer nos minutos, horas, semanas e meses que faltam. Em vez de contar até o final do calendário — e perder dezembro por causa dos feriados, festas e da fadiga de fim de ano — conte todos os dias em que ainda pode realizar algo antes do final do ano, enquanto os outros estão largando de mão. Quando você faz a contagem progressiva, nunca chega a zero, então nunca perde o embalo; você pode começar o novo ano com força total, enquanto todos tentam se lembrar de onde pararam.

O tempo conta o que você não fez. O foco desliga o relógio e direciona toda sua energia para o resultado.

Se você está se concentrando em um limite do tempo, não pode se concentrar no embalo de que precisa. A pressão do tempo mata o desempenho — se sua mente não conseguir bloqueá-la. Você vê isso o tempo todo nos esportes — por exemplo, um *quarterback* cedendo à pressão ou um jogador de basquete que não consegue fazer o arremesso. Eles começam a contagem regressiva na cabeça, em vez de agir. A maioria dos jogadores está, de forma dolorosa, ciente de que o ponteiro está girando, e entram em pânico: *"Eu tenho três segundos, preciso fazer o arremesso."* Eles ficam tão distraídos, que hesitam, cometem erros toscos e perdem o controle do embalo.

Os grandes estão sempre no embalo: se MJ ou Kobe tivessem três segundos, não pensariam *"Posso agir em três segundos? Eu tenho tempo suficiente?"* Eles sabiam exatamente o que poderiam realizar em três segundos; o foco era estrito no término do trabalho. *"Três segundos? Me leve ao garrafão, eu cuido do resto. Um: estou aqui. Dois: eu estou lá. Três: cesta."*

Até o placar conta.

O foco é a arma final na guerra do tempo. Enquanto o tempo está tentando te provocar, acenando com os braços e disparando alarmes para lembrá-lo de que está atrasado, o foco o leva para aquele lugar onde você não tem ideia de quanto tempo passou, e você nem se importa.

O tempo lembra você do quanto você ainda não conseguiu fazer.

O foco o prende até que você termine.

O tempo diz para você parar o que está fazendo e dormir um pouco. O foco diz que há mais a fazer. Você pode dormir quando terminar o trabalho.

A pressão do tempo é externa. O foco vem de dentro de você, onde ninguém mais pode controlá-lo.

O tempo cria distrações. O foco bloqueia. O tempo diz para você se apressar. O foco indica a hora do "cala a boca!"

Quando você está gerenciando o tempo, tudo o que pode ver é quanto tempo levará. Quando está gerenciando o foco, você não se importa.

O tempo trata das outras coisas. O foco tem tudo a ver com você.

Já esteve no modo de foco total? Você começa algo e percebe, horas depois, que não se mexeu, comeu, foi ao banheiro... você não tem ideia de se a Terra ainda está girando. Você não sabe se é meio-dia ou meia-noite. Você está apenas preso no que está fazendo.

Quando estou com um atleta, todo o resto desaparece. Não estou pensando que também preciso ir ao mercado, passear com meu cachorro e responder meus e-mails. Estou me concentrando no que estamos fazendo e no que precisamos fazer a seguir. Eu posso estar contando quantos passos ele está dando, se está pousando com o pé direito ou esquerdo, como a formação se mantém quando está cansado, os menores detalhes que para a maioria passam despercebidos. Se estou em um dos jogos, não estou tirando *selfies*, nem andando pela arena apertando mãos ou postando fotos para mostrar em que lugar fiquei ou os tênis que estou usando. Estou no meu lugar, ligado em cada momento. Raramente sei quem está sentado ao meu redor, e se vier até mim durante um jogo, provavelmente nem perceberei você plantado ali. Não estou sendo mal-educado. Meu foco só está em outro lugar.

Isso se aplica a todas as partes de meu negócio. Você precisa que eu esteja nesta cidade ou país esta noite? Eu farei acontecer. Você precisa mudar nossa reunião das 11h da manhã para às 11h da noite? Feito. A academia do hotel está fechada? Encontrarei outra ou trabalharei com você no seu quarto, se for preciso. Não paro para pensar *"Isso não vai funcionar, tinha esses planos e aquele compromisso e é muito complicado e"*... Não. Quando estou focado, é desse jeito. Foco total em nossos resultados.

Mas é quando a maioria das pessoas dá desculpas: *"Não se preocupe com isso, essas coisas acontecem. É uma maratona, não uma arrancada!"*

O Vencer está observando, esperando para ver se você está disposto a se contentar com esse tipo de bobajada.

Eu nunca me contento. Quando um cliente chega meia hora atrasado (embora os melhores dentre os melhores nunca se atrasem) e me diz que não teremos tempo suficiente, digo: *"Ah, é mesmo? Você tem 25 minutos? Vamos fazer 25 minutos então. Serão os 25 minutos mais focados de sua vida."*

Você não teve tempo de terminar seu trabalho? Teve sim, você simplesmente não tinha o foco para fazê-lo. O tempo era aquele. Sua cabeça é que estava em outro lugar.

O foco gira em torno dos minutos, não das horas, dos dias ou dos anos. Se eu precisar de você por uma hora, você não pode perder o foco por 59 minutos. Depois disso, você pode assistir desenhos animados, ligar para seu corretor ou encontrar seus amigos. Mas naquela hora, durante todos os 60 minutos... nós arrancamos.

O foco de MJ começava no minuto em que iniciava o treino pela manhã, e, em geral, terminava quando voltava para seu hotel ou para a casa após um jogo. Naquela época, estava centrado no que precisava conquistar naquelas horas. Nada passou sem ser planejado e nada escapava de seu foco. Depois disso, poderia expirar e relaxar um pouco... até o dia seguinte, quando começava tudo de novo. Ele não conhecia outro modo. Essa era sua ligação direta com o Vencer. Ainda é.

Muitos atletas profissionais aprenderam sobre o próprio foco durante a pandemia de Covid-19, quando quarentenas e medidas sanitárias significavam jogar sem torcedores nos jogos e, em alguns casos, viver em uma "bolha" segura, sem família ou amigos. Poucos se lembravam da última vez em que jogaram em estádios e arenas vazios: escola primária? No parquinho da escola? Suas vidas inteiras, dentro do esporte, foram preenchidas com pais, amigos, família e, frequentemente, centenas de milhares de torcedores gritando. Agora, pela primeira vez... silêncio. Ninguém torcendo ou reclamando, sem vendedores, sem ingressos para distribuir, sem preocupações sobre o lugar onde amigos ou familiares estariam sentados. Podiam ouvir os sons do próprio jogo; podiam ouvir um ao outro. Uma experiência completamente diferente. Alguns disseram que isso não afetou o jogo de forma alguma. Alguns achavam que a falta de distração permitia que se concentrassem mais no jogo em si, não no que estava acontecendo ao redor. Outros disseram que, sem o burburinho da multidão, têm mais dificuldade em entrar na Área, onde o foco é tão intensificado que é difícil explicar.

O foco não é o mesmo que a Área da qual falamos em *Implacável*. A Área é inconsciente; suas habilidades e conhecimentos são tão desenvolvidos, que você não precisa pensar no está fazendo, a ação simplesmente flui. O foco é muito consciente; requer que você esteja afinado e atento a cada momento e permite que trabalhe em suas habilidades tão intensamente, que não precisa nem mais pensar nelas. Você apenas age. Você não pode entrar na Área até que tenha dominado o foco; o foco é o campo de treinamento.

Pense em onde você está agora. Talvez você sinta que não fez o suficiente — não atingiu seus objetivos. Você está decepcionado consigo mesmo porque sabe que poderia ter feito mais, mas algo o impediu. Você perdeu sua direção, não por um minuto ou hora, mas por muito, muito tempo.

Isso é falta de foco.

Por que as pessoas tendem a esperar por uma perda ou decepção para começar a se concentrar? Falham em alguma coisa, são cortadas do time, perdem uma grande venda, não conseguem o emprego ou o aumento e então querem desistir. Agora se tornarão sérios. Tudo mudará. Uma pergunta: por que ainda não estavam sérios? E quantos são atingidos por essa decepção e, ainda assim, não conseguem se concentrar?

O foco é controlar seu comportamento, então fica mais fácil fazer as coisas certas e mais difícil se distrair com as coisas erradas.

Não estou dizendo para você ficar assim 24 horas por dia, 7 dias por semana; você precisa de algumas distrações que lhe permitam relaxar e dar um descanso ao seu foco — crianças, cochilos, exercício físico, férias. Use esse tempo para energizar seu foco.

Mas controle esse tempo. Escolha-o. Faça porque você quer, não porque alguém exigiu.

Obviamente, você não pode dar a tudo em sua vida o mesmo foco e dedicação, então, seja o que for que você escolha focar, é melhor que seja algo que queira para si mesmo, não o que outra pessoa deseje para você. Porque é impossível se concentrar com intensidade suficiente em algo que você realmente não quer.

Como saber se uma meta vale a pena? Faça a si mesmo três perguntas simples. E se a resposta a todas as três não for sim, o Vencer gostaria que você procurasse outra coisa:

- *Você quer fazer?* Essa ideia é sua ou de outra pessoa? É o seu sonho, ou está fazendo para agradar aos outros? Porque você não pode apenas querer, tem de ansiar por isso o suficiente para torná-lo sua obsessão.
- *Consegue fazer?* Se você não for capaz, se não tiver a habilidade ou os meios para fazer isso acontecer, todo o foco do mundo não entregará os resultados. Você deve ser realista a respeito do que é capaz de alcançar, para que se concentre em algo que tem pelo menos uma chance de funcionar.
- *Vale o seu tempo?* Quero dizer, realmente vale gastar seu tempo? Valerá a pena o sacrifício, o comprometimento e a labuta implacável? Porque o Vencer quer toda a sua atenção, não apenas momentos de folga quando não tiver mais nada para fazer.

O foco é 100% a respeito de você mesmo. Você não está fazendo planos para um jantar para o qual não tem tempo, não está executando tarefas que outra pessoa lhe mandou fazer, não está respondendo a cada mensagem de texto, e-mail e telefonema no mesmo segundo. Você está protegendo seu espaço mental e criando controle para si mesmo. Essas 24 horas ainda estarão lá esperando por você para escolher como usá-las. Você as usará para vencer?

1.

VENCER É TUDO

Quando comecei a escrever este livro, fiz uma lista de todos os tópicos dos quais queria discorrer; coisas que acredito que tiveram o maior impacto sobre todos os vencedores que conheci, que vi e acompanhei.

Depois de finalizar essa lista — do "O Vencer em 13 Definições" —, tive que rir dos tópicos que não foram incluídos.

Trabalho duro. Comprometimento. Trabalho em equipe. Liderança. Muitas outras coisas, com certeza.

Se você leu todo o livro e está se perguntando por que essas coisas não estão em destaque, deixe-me assegurar-lhe de que não foi um descuido.

Eu queria lhe dizer mais, porque o Vencer é muito mais. Você realmente precisa que eu lhe fale da importância do trabalho árduo e do comprometimento? Como se você ainda não soubesse disso? Eu não queria abordar as mesmas coisas que todo o mundo tratou em milhares de livros, várias e várias vezes. Se eu for escrever um livro sobre o Vencer, tenho que escrever o livro que ninguém mais escreveu, porque eu vi e aprendi muito para deixar de compartilhar. A maioria das pessoas entrega o esperado. Isso nunca funcionou para meus clientes e nunca funcionou para mim.

Se você fizer isso como todo o mundo, você será como todo o mundo.

Quero que você seja muito mais.

Você já sabe que o Vencer exige muito trabalho e comprometimento. Você já sabe a importância do trabalho em equipe e da liderança.

Tudo o que você leu neste livro tem o fim de tornar essas coisas possíveis.

Você não pode alcançar essas coisas até que entenda — e aplique — o que leu aqui. Não pode trabalhar duro até que possa controlar o campo de batalha da própria mente. Seu comprometimento será tão forte quanto sua resistência. Você não será um companheiro de equipe eficaz até que possa ter a mente mais forte do que seus sentimentos. Você não pode ser um grande líder sem saber como pensar por si mesmo.

As pessoas adoram falar da atitude vencedora, uma mentalidade vencedora... mas o que isso significa de fato? Você não pode ter essa postura ou mentalidade sem realmente experimentar o que significa vencer. Você não pode aprender num *podcast* ou ler em um livro — nem mesmo neste. Você não pode vencer simplesmente absorvendo pensamentos a respeito do Vencer. Você tem que liberar energia real e executar a ação do Vencer. E ele não crescerá por conta própria, precisa de seu investimento e comprometimento — precisa de tudo — para crescer. Você tem que assumir o risco, agir e senti-lo.

Você tem que experimentar tudo o que realmente leva ao Vencer, não apenas a comemoração no final. Se você assistir a uma grande celebração pós-jogo — estou falando de um jogo da temporada regular, não de um campeonato —, verá que os que mais comemoram geralmente têm os uniformes mais limpos.

VENCER: A CORRIDA IMPLACÁVEL PELA EXCELÊNCIA

Às vezes, nem mesmo tiraram os moletons. Sim, eles "ganharam", eles fazem parte do time. Mas até que tenham sentido tudo — tudo—, não podem saber o que de fato ocorreu no caminho até lá. Eles simplesmente não podem.

Lembra-se de, no início deste livro, quando falamos sobre o cofre com a combinação que você precisa saber para conseguir o Vencer? O Vencer em 13 Definições é a primeira parte do código.

Mas existem muitas outras verdades que você pode absorver e aplicar — um número infinito delas, na verdade. E seriam necessárias muitas vidas para dominar até mesmo uma ínfima parte delas.

Eu disse, no início deste livro, que cada um dos 13 pontos é tão importante quanto todos os outros, e isso é verdade. Mas se eu tivesse que escolher um que significa mais para mim, aquele que realmente resume o que sei a respeito do Vencer, é este:

O Vencer é tudo.

Porque é. Todos os dias, em tudo o que você faz, suas vitórias estão esperando por você. Estão por toda parte. Mas não esperarão para sempre. Pare de esperar que lhe digam o que você pode e não pode fazer. Pare de assistir aos outros vencerem enquanto você fica de lado se perguntando quando será sua vez. Agora é a sua vez. Metas de longo prazo são ótimas..., mas "longo prazo" não é garantia para ninguém. Suas habilidades e oportunidades têm uma data de validade. Se você quer algo, vá buscar agora.

Fico muito frustrado com quem diz que quer vencer, mas não mostra urgência ou motivação para de fato vencer, como se tivessem anos e oportunidades ilimitadas para alcançar. Como se isso fosse acontecer com o tempo. Para mim, um senso de urgência é a distinção última entre aqueles que vencem e aqueles que veem os outros vencerem.

Essa sensação de "tem de ser agora" definiu o espírito de Kobe.

Sua impaciência era lendária; sempre havia trabalho a ser feito, e ele tinha tolerância zero para aqueles que não o faziam. Em todos os dias de sua vida havia a urgência para ganhar algo, qualquer coisa, tudo.

Como você já me ouviu dizer muitas vezes neste livro, o maior erro que cometemos na vida é pensar que temos tempo. Conversei frequentemente com Kobe a respeito disso. Como eu gostaria de estar errado!

Lembre-se dele quando achar que tem muito tempo. Eu penso nisso todos os dias.

Os vencedores têm um medo, e não é o de perder. Podem superar uma derrota, podem encontrar outra maneira de vencer. Temem, sim, não ter tempo suficiente. Dias, semanas, meses e anos faltaram para completar o trabalho da própria vida. Não ter tudo no lugar. Não ter tudo que sonharam. Não ter *finalizado*. A maioria das pessoas aceita que não conseguirá fazer tudo na vida. Os vencedores não podem aceitar isso. Eles precisam finalizar. Tudo.

Porque, em última análise, o Vencer é imortalidade. É o seu legado, a culminação do que conquistou, do que construiu, daquilo com o qual contribuiu. É a soma de como você influenciou aqueles ao seu redor, as memórias que você deixa com eles, o que você fez pelos outros e por si mesmo. E se teve sucesso em sua corrida pela excelência, no final de sua vida o Vencer irá abraçá-lo, apagar as derrotas e mantê-lo para sempre no Hall da Fama dele.

A morte te põe no clube de elite da excelência do Vencer, onde nada pode mudar o que já foi conquistado. Tudo o que foi conquistado fica contigo. A corrida acabou.

As pessoas dizem que o Vencer faz com que se sintam vivas. E é verdade. Mas também aproxima do final da vida, porque, quanto mais tempo leva para conseguir suas vitórias, menos tempo você tem para aproveitá-las, repeti-las ou aprender com elas. Essa é a corrida implacável — a cada dia, seu tempo fica mais curto. Quando eu estava na faculdade, pendurava em cima da cama uma rede de cesta de basquete com uma bola; foi um prêmio por ter feito uma jogada vencedora. Costumava ficar deitado na cama, olhar para aquela rede e pensar em como aprendi a jogar sem ela; tínhamos um aro enferrujado no parquinho de concreto quebrado. Isso era tudo de que eu precisava, uma bola e um aro. Uma rede? Pensava que já era ostentação. Uma rede desacelera as coisas conforme a bola passa por ela; então, quando criança, eu sempre sentia a bola chegar rápida e pesada na minha mão.

Aquela bola sobre a minha cama, ironicamente, nunca foi usada; nunca pôde fazer o que uma bola deveria fazer — pular, rolar, voar pelo ar. Com o passar dos anos, a rede continuou a prendê-la ali, imóvel. Isso é o que as redes fazem: prendem você, o mantêm em um lugar, protegem-no, às vezes de outros, às vezes de você mesmo.

Todos nós temos redes que nos impedem de fazer o que devemos fazer.

Não deixe isso acontecer com você.

Faça tudo que puder.

Experimente tudo. Experimente, se maravilhe, sonhe e faça tudo acontecer. Os vencedores dão as boas-vindas a todas as experiências porque nunca sabem o que os levará ao próximo nível.

Não estou dizendo para você "encontrar o equilíbrio", onde você abraça um milhão de coisas que não ajudam seus objetivos. Estou sugerindo que abrace as possibilidades, a esperança e as novas maneiras de aprender e pensar. Estou dizendo para você dançar como se ninguém estivesse olhando, mesmo quando estiverem... para se libertar e se soltar, só porque você quer. Não para ninguém, mas para você. Os vencedores sabem que perderão tempo, amigos, dinheiro, coragem e força, mas nunca perderão a fé em si mesmos, porque são movidos pela vontade de vencer. Eles não podem aceitar outra coisa.

A maioria das pessoas o encorajará a se contentar com menos. Dirão que você fez tudo o que podia, então relaxe, vá com calma, não leve tudo tão a sério.

Os vencedores lutam contra isso todos os dias, uma campanha implacável contra a infelicidade, a fraqueza, a preguiça. Qual é a sua luta diária? Como você repele a tentação e a dúvida? Qual é a sua luta contra a vontade de simplesmente desistir? "Vamos lá!" não é uma luta. "Mandar muito" não é uma luta.

Todo o mundo que terminou o que quer que seja tem uma coisa em comum: o desejo de desistir. Não há um vencedor por aí que não tenha pensado em desistir em algum momento. Você não pode se comprometer a vencer até que sinta o desejo de desistir.

Somos todos fracos às vezes e todos temos o desejo de desistir. Isso seria tão mais fácil... tão mais tranquilo... seria uma moleza... apenas parar a loucura, a intensidade e a pressão e ser normal, como todo o mundo.

Normal, como todo o mundo.

Não, obrigado.

Você pode não vencer em tudo. Todo o mundo fica aquém de alguma forma. Você não pode ser a pessoa mais forte do mundo e a mais rápida, a mais inteligente *e* a mais rica. Você não dominará tudo. Você não ganhará tudo.

Mas você *vencerá*. Explore e incorpore suas fraquezas. Só então você poderá se livrar dos medos e das inibições que o impedem de fazer tudo o que deseja. Conduza a si próprio através desses limites, até encontrar aquilo que o estimula e o leva para onde deseja ir.

O Vencer está em todo lugar, como a música que fica presa na sua cabeça e fica tocando e tocando, e você não consegue fazer parar. Não pare. Continue. Todos os dias, continue.

A busca pelo Vencer definiu minha vida. Meu desejo por isso não tem a ver com ganho financeiro, ou fama, ou acesso aos maiores vencedores de nosso tempo. Para mim, sempre foi pela indescritível onda de satisfação, orgulho e doçura que acompanha cada vitória, todas as vezes. E sentimos um barato que é tão barato, que você só consegue obtê-lo no mercado negro de sua cabeça. O lado mais obscuro de sua mente.

Infelizmente, essa onda não dura. Fazemos todos esses pagamentos adiantados em energia, foco e preparação, para que um dia possamos ter o luxo do Vencer. Mas o Vencer não pode ser adquirido; só podemos alugá-lo, e não importa o quanto pagarmos, ele ainda mudará as fechaduras em algum momento, até que comecemos a pagar tudo de novo. Como podemos *não* continuar pagando? Não sabemos fazer outra coisa além disso. Não *queremos* saber de mais nada. Diga-nos o preço. Nós pagaremos. Por favor.

Minha busca pelo Vencer me deu muito, mas também me custou muito. A minha saúde. Relacionamentos. Família.

Quando senti dor — física ou emocionalmente —, nunca desisti do Vencer, nunca saí da corrida de que estava participando. Em vez disso, me condicionei a ter o ímpeto além de tudo, às vezes para proteger aqueles a quem amo, às vezes para me proteger. Não tenho nenhum problema em ser um colete salva-vidas para os outros, mas tenho dificuldade em permitir que alguém me salve. Eu poderia ter mudado de direção a qualquer momento ao longo do caminho. Mas não é quem eu sou. E nem por um minuto eu me arrependo dessas coisas.

Nos últimos dias da vida de meu pai, ele me disse que a família agora era minha responsabilidade. Eu disse, com o coração partido por estar prestes a perder meu pai, que eu não era tão forte quanto ele.

"Você está certo", disse ele. "Você é mais forte."

Eu vivo todos os dias tentando provar que ele estava certo.

A força vem sob muitos disfarces. Sim, significa ser implacável e resiliente e segurar os outros quando você mal consegue segurar a si. Mas há mais nisso do que demonstrar poder e controle. Significa ter a capacidade de rir de si mesmo e ver suas próprias falhas. É a confiança para ir embora quando for a hora, e não olhar para o que você deixou para trás. É mostrar emoção quando a sentir, e não fingir quando não sente. É compartilhar suas vitórias com aqueles que estiveram com você, que nunca saíram do seu lado e nunca sairão.

Se você for abençoado ou sortudo o suficiente para encontrar essa pessoa, você encontrou algo tão raro quanto o próprio Vencer.

Se você assistiu *O Arremesso Final*, pode ter me visto ficar claramente emocionado em um ponto, falando do comprometimento de Michael, consigo mesmo e com os torcedores, de sempre entregar o melhor. Nunca me esqueço do que ele deu de si próprio naqueles anos, o que carregou nos ombros e no coração. Foi intenso naquela época, e a lembrança disso continua intensa para mim até hoje.

O que você não viu foi o que veio depois disso.

O diretor, Jason Hehir, me perguntou: "Por que a emoção?"

Eu não consegui nem falar por alguns momentos. E então, finalmente, fui capaz de responder, com palavras que nunca havia dito.

"Ele deu uma chance para mim", eu disse a ele. "Ele deu uma oportunidade a um garoto que nem conhecia e me permitiu correr junto na corrida pela excelência por quinze anos. Além de meus pais, ninguém teve um impacto maior em minha vida e nunca poderei expressar minha gratidão por sua crença em mim."

Éramos jovens então, e foi meu grande orgulho e alegria vê-lo — e todos os grandes atletas que confiaram em mim com suas carreiras — crescer em direção ao próximo estágio da vida, ainda procurando coisas para vencer. De rapazes, eles se tornaram pais e avôs; de jogadores de basquete, amadureceram e se tornaram ícones culturais, empresários, homens de negócios e comentaristas. Fui abençoado, para além do descritível, por estar na vida deles e por tê-los na minha.

Adoro ver MJ ter a liberdade de jogar seus tacos de golfe em um automóvel diferente todas as manhãs, administrar seus negócios e aproveitar sua vida como pai de cinco filhos, além de seu lindo neto. Adoro ver Dwyane rodeado por sua família e o orgulho que tem de seus belos filhos, criando-os com a liberdade de se expressar e ser quem realmente são, sem preconceito ou julgamento. Adoro ver Charles ser Charles durante as transmissões, contando as coisas do jeito que é e causando um pouquinho, do mesmo jeito que jogava.

Nunca pararei de me perguntar o que Kobe teria alcançado. O mundo merecia muito mais de seu brilho e grandeza; merecia muito mais de tudo dele. Mas sei que ele e sua filha Gianna estão juntos na mesa principal do Vencer, rindo do resto de nós e encontrando novas vitórias todos os dias.

MJ abriu a porta para mim. Pude abri-la para outras pessoas que confiaram em mim, incluindo não só clientes, mas jovens treinadores ansiosos para aprender esse trabalho.

Então, quando outros me chamam de Compadre, o guru do que só eu faço, permaneço humilde e me sinto orgulhoso. Isso é o Vencer para mim, a capacidade de dar capacidade aos outros para fazer o que eu fiz.

Comecei este livro falando das dificuldades, da resistência e do sacrifício que envolvem o Vencer. *Selvagem. Duro. Sórdido. Indecente. Sujo. Grosseiro. Implacável. Impenitente. Irrestrito.*

Essa é a realidade de correr em direção a um destino que fará todo o possível para garantir que você nunca chegue lá. É difícil e implacável, e deve ser assim.

Mas, no final, e mesmo ao longo do caminho, há alegria.

Sempre deve haver alegria.

Não importa o quão intenso, competitivo e motivado você possa ser, não exclua a oportunidade de estar ali naquele momento, de abraçar o que você tem e se agarrar a isso por tanto tempo quanto puder. Reserve um tempo em sua vida para a verdadeira diversão, felicidade, alegria e sorrisos, onde quer que você possa encontrar. Não é sinal de fraqueza parar e aproveitar sua vida, apreciar as coisas que lhe dão satisfação e um senso de realização.

Para mim, essas coisas não são necessariamente campeonatos ou troféus. Algumas de minhas maiores realizações envolveram ver a alegria nos olhos de meu cliente depois de conseguir agir em um nível inteiramente novo. Saber que deixei meus pais orgulhosos. Falar para um público e vê-los "entender". Trabalhar com os grupos em que sou mentor do "esforço total" e ouvir sobre as vitórias deles várias e várias vezes. Permanecer autêntico e verdadeiro em relação a quem sou. Continuar fiel àqueles que amo e que me amam incondicionalmente. E, acima de tudo, ser pai.

O que quer que você sonhe para si mesmo, o que quer que esteja perseguindo, agarre. Acredite. Lute como se sua vida dependesse disso, porque depende.

O Vencer está observando. Ele está esperando por você na linha de chegada, com uma mensagem:

Bem-vindo.

A corrida acabou.

O preço foi pago.

Por enquanto.

SUA PRÓXIMA VITÓRIA ESTÁ ESPERANDO

Estas páginas são para preencher com suas vitórias... passadas, presentes e futuras.

As vitórias estão por toda parte. Reconheça-as, aproveite-as — por um momento — e as desenvolva. Planeje o que vem a seguir. Escreva. O Vencer está esperando.

_____

_____

_____

_____

_____

_____

_____

_____

_____

_____

TIM S. GROVER

AGRADECIMENTOS

Deram-me uma caneta para colocar neste livro meus pensamentos, minha formação e minhas experiências a respeito do Vencer. Tive a opção de escrever algo bonito, ou significativo, ou mesmo doloroso. De qualquer modo, a oportunidade de escrever este livro foi um presente, e tive que decidir como usar esse presente. Minha mais profunda gratidão à minha coautora e agente, Shari Wenk, por trabalhar comigo para dar este presente a vocês, embrulhando-o e dando a oportunidade a tantos de desembrulhar o *Vencer*.

Vencer é ter os aliados certos. Sou grato por minha parceria com a *Scribner*, especialmente o editor executivo Rick Horgan, que entendeu que o Vencer nem sempre é a comemoração, mas o trabalho invisível e os obstáculos imparáveis que atrapalham o sucesso. Tive a sorte de trabalhar com toda a equipe da *Scribner* no meu livro *Implacável* também; obrigado por acreditarem em mim.

Para os milhares de atletas que me deixaram fazer parte de suas vitórias, vocês nunca saberão o quanto eu prezo e aprecio nosso caminho juntos.

E para os muitos, muitos leitores que leram *Implacável* e compartilharam suas histórias e experiências comigo... Vamos vencer.

SOBRE O AUTOR

Tim S. Grover é o CEO da Attack Athletics, Inc., que fundou em 1989. Conhecido mundialmente por seu trabalho com Michael Jordan, Kobe Bryant, Dwyane Wade, Charles Barkley e milhares de atletas e homens de negócios, viaja todo o mundo como palestrante, consultor para líderes empresariais, atletas e empreendedores de elite, em todos os campos, ensinando os princípios da motivação implacável, desempenho orientado aos resultados e força mental.

Tim é o autor do livro best-seller nos EUA *Implacável: De bom para ótimo para sem limites e Vencer: A corrida implacável pela excelência* e criador da plataforma de treinamento digital The Relentless System.

É bacharel em Cinesiologia e tem mestrado em Ciência do Exercício, na Universidade de Illinois-Chicago. Ex-jogador de basquete da Divisão I da NCAA nessa universidade, recebeu o prêmio pelo conjunto de sua obra em 2010 e, na época, foi indicado para o Hall da Fama da UIC. Ele mora em Chicago.

Para mais informações sobre Tim Grover, visite <www.TimGrover.com>.

ÍNDICE

A

abertura ao aprendizado 36
administrar o resultado 159
a embriaguez do Vencer 112
aliados 134
a maioria das pessoas mente 198
ambições maiores 105
ambiente competitivo saudável 137
amor implacável 71
ansiedade 50, 90, 159, 176
área do equilíbrio 119
arma secreta para o Vencer 32
atitude
    positiva 83
    vencedora 220
autocontrole 90, 91

B

bastante trabalho 69
Bill Gates 33
bomba-relógio, desarmar 51

C

campo de batalha mental 52
capacidade de recuperação 79
cara a cara com o triunfo 49
cenário em rápida mudança 61
competição extrema 101
comunicação respeitosa 137
concentração 38
confiança 64, 80
    em si próprio 70
    nos instintos 48
controle
    das próprias emoções 189
    de seu comportamento 217

total 89
crença 77
    imperiosa 72
criar suas próprias ideias 37
crítica 152
cronograma 43
cruzar a linha de chegada 55
curiosidade 35

D

Dear Basketball, filme 72
decepção do fracasso 90, 153
decisões
    e ações 85
    inteligentes 80
demonstrar emoções 88
derrotar um rival 104
desafiar os próprios valores 186
desafios específicos 39
desejo de desistir 224–225
desperdício de dinheiro 140, 141
dinamizar e se mover 34
dor e frustração 167
dúvida incontrolável 160

E

educação formal 142
eficiente e eficaz 69
ego 55
eliminar distrações 56
Elon Musk 33
emoção descontrolada 95
encontrar
    o caminho de volta 92
    o equilíbrio 224
energia

235

mental 64
real 220
equilíbrio para si mesmo 121
escolhas "egoístas" 139
estado de equilíbrio total 120
estrada para o paraíso 146
estresse 50
ética de trabalho 70
expandir o pensamento 44
explosões de adrenalina 50

F

falsas crenças 52
falta
  de distração 216
  de foco 217
fazer acontecer 54
fé em si mesmo 224
ficar
  emocional 88
  em silêncio 70
foco 103
  implacável nos resultados 210
  total 138

G

gerenciar
  a carga 42
  as distrações 57
  os obstáculos 45
  os pontos baixos 91
  uma perda 168
guerra do tempo 213

H

habilidades mentais 93
hábitos limitadores 134
humilhação 75

I

ignorar as críticas 70
imaginação 52
impulsos competitivos 102

incorporar o medo 160
inimigo invisível 114

J

Jeff Bezos 33
jogar para não perder 161

L

LeBron James 44
lembrança material 103
lidar com os obstáculos 107
líder popular 131
linguagem para vencer 205
lista do não 133
lixo mental 193

M

maníaco por controle 95–96
medo versus dúvida 159
mentalidade vencedora 220
metas
  de longo prazo 221
  irrealistas 80
minimizar as desvantagens 169
modo de foco total 214–215
motivação 19–20
mudar sua história 183
músculo Estou Pouco Me Fodendo
    118–119, 133, 193

N

não sentir medo 157–159
negociar com você mesmo 45
nunca se esqueça de onde veio 147

O

O Arremesso Final, documentário
    17, 69, 83
observar de perto 35
obsessão 112
obstáculos
  imprevistos 60
  permanentes 114

VENCER: A CORRIDA IMPLACÁVEL PELA EXCELÊNCIA

o lado sombrio 178–179, 182, 184
onda de satisfação 225
ótimo companheiro de equipe 83

P

pandemia de Covid-19 56, 61, 92, 216
parar de beber 105
passar o conhecimento adiante 35
pensamento
positivo 52–53
renovado 64
pensar por si mesmo 36–37, 44
perspectiva diferente 40
pertencimento 21
pessoas confiantes 78–79
planejar o próximo movimento 52
plano
de backup 201
decisivo para escapar 151
pontos inegociáveis 44–45
possibilidade da incerteza 62
preguiça 55
preocupação com dinheiro 52
privação de sono 195
problemas familiares difíceis 150
processo de aprendizagem 37
procrastinação 208
combater a 210
promessas descumpridas 114

Q

Quatro Aros da Vitória 163–164

R

raiva 109
controlada 94
de si mesmo 116
emoção mais comum 93–94
redes sociais 138
renunciar a algo 116
resiliência 164–165
resistência
mental 38

resultados
extremos 101
são importantes 170
rir de si mesmo 226
rotina bem planejada 57–58

S

sacrifício 16, 150
sair do seu inferno pessoal 151
Sara Blakely 33
se concentrar nos resultados 209
sede pelo resultado 105
senso
de equilíbrio 115
de urgência 221
ser
diferente não é um erro 34
emblemático 66
sucessos e fracassos 33

T

técnicas de treinamento tradicionais 40
todos sentem medo 158–159
total confiança 36
tudo ao mesmo tempo 116

U

ultracompetitividade 108

V

verdadeira vontade 109
vício em competição 101
viver sem equilíbrio 122

W

workaholic 114

Z

zona de conforto 69

Projetos corporativos e edições personalizadas dentro da sua estratégia de negócio. Já pensou nisso?

Coordenação de Eventos
Viviane Paiva
viviane@altabooks.com.br

Contato Comercial
vendas.corporativas@altabooks.com.br

A Alta Books tem criado experiências incríveis no meio corporativo. Com a crescente implementação da educação corporativa nas empresas, o livro entra como uma importante fonte de conhecimento. Com atendimento personalizado, conseguimos identificar as principais necessidades, e criar uma seleção de livros que podem ser utilizados de diversas maneiras, como por exemplo, para fortalecer relacionamento com suas equipes/ seus clientes. Você já utilizou o livro para alguma ação estratégica na sua empresa?

Entre em contato com nosso time para entender melhor as possibilidades de personalização e incentivo ao desenvolvimento pessoal e profissional.

PUBLIQUE
SEU LIVRO

Publique seu livro com a Alta Books.
Para mais informações envie um e-mail
para: autoria@altabooks.com.br

 /altabooks   /alta-books   /altabooks   /altabooks

CONHEÇA OUTROS LIVROS DA **ALTA BOOKS**

Todas as imagens são meramente ilustrativas.

Este livro foi impresso nas oficinas gráficas da Editora Vozes Ltda.,
Rua Frei Luís, 100 – Petrópolis, RJ.